행정의 공개성과 정치 지도자 선출 외

**VERWALTUNGSÖFFENTLICHKEIT
UND AUSLESE DER POLITISCHEN FÜHRER**

행정의 공개성과
정치 지도자 선출 외
VERWALTUNGSÖFFENTLICHKEIT
UND AUSLESE DER POLITISCHEN FÜHRER

막스 베버 지음
·
이남석 옮김

책세상

일러두기

1. 이 책은 막스 베버Max Weber의 《정치 저작선*Gesammelte Politische Schriften*》 (Tübingen, 초판 1921년, 5판 1988년)에 실린 <신독일에서의 의회와 정부Parlament und Regierung im neugeordneten Deutschland(1918년 5월)> 가운데 아래 세 장만 발췌하여 옮겼다.

    (1) <제2장 관료 지배와 정치적 리더십Beamtenherrschaft und politisches Führertum>
    (2) <제3장 행정의 공개성과 정치 지도자 선출Verwaltungsöffentlichkeit und Auslese der politischen Führer>
    (3) <제5장 의회화와 민주화Parlamentarisierung und Demokratisierung>
    또한 귄터 로스Guenther Roth와 클라우스 비티시Claus Wittich가 영역·편집한 《경제 와 사회 3*Economy and Society 3*》의 부록 <신독일에서의 의회와 행정Parliament and Government in a Reconstructed Germany>(New York: Bedminster Press, 1968)을 참조했다.

2. 본문에 사용된 이탤릭체, ( ), [ ] 등은 원문에 의거한 것이다.

3. 주는 베버의 주와 옮긴이의 주 두 가지다. 베버의 주는 '(저자주)'라 표기했고 옮긴이의 주는 '(옮긴이주)'라 표기했다. 해제의 주는 모두 옮긴이주라 따로 표기하지 않았다.

4. 주요 인명과 용어는 처음 1회에 한해 원어를 병기했다.

5. 단행본과 잡지는 《 》로, 논문과 평론은 < >로 표시했다.

6. 맞춤법과 외래어 표기는 1989년 3월 1일부터 시행된 <한글 맞춤법 규정>과 《문교부 편 수자료》를 따랐다.

들어가는 말

우리는 의회에 근거한 현재의 정치에 아직도 희망을 품고 있는가? 진지하게 생각해보기도 전에 벌써 고개를 갸우뚱거리거나 좌우로 흔들게 된다. 이는 우리의 정치에 대한 지독한 무관심이거나 정치 혐오증의 일면을 드러내고 있는 반응이다. 그렇다면 현재의 정치 제도 말고 다른 대안은 있는가? 머리를 싸매고 생각하더라도 역시 고개를 절레절레 흔들게 된다. 별다른 대안이 없다. 현재의 정치 제도는 각 나라마다 조금씩 다르기는 하지만 아직까지는 분명 최상의 제도임에도 불구하고 현재의 정치 제도에 대한 불신은 여전하다.

극단적이기는 하나 오늘날의 정치 양태는 다음과 같이 설명할 수 있다. 어느 국가에서나 장관들은 비리에 연루되어 있고, 이것이 문제가 되어 사퇴하기도 한다. 그러면 행정부 수장은 새로 장관을 임명하고 새로 임명된 장관은 또 다른 비리로 물러나고 행정부 수장은 또다시 장관을 임명한다. 이런 과정은 계속 반복된다. 이는 비단 우리나라만의 상황은 아니다. 정치 선진국에서든 후진국에서든 비리는 비일비재하다. 이러한 상황에서 국민은 불신을 키우며 회의를 갖게 된다. 왜 장관은 임명직이어야 하는가? 각 부처 내부의 능력 있는 관리에게 장관직을 맡기면 되지 않을까? 그것이 아니라면 장관직에도 투표제를 도입해 능력 있고 정직한 사람을 장관으로 선출하면 되지 않을까? 이처럼 부정적인 상황이 계속되고 있음에도 불구하고 국민은 임명직 장관을 선출직 장관 또는 승진직 장관으로 바꾸라고 요구하지 않으며, 정치권도 그럴 생각을 하고 있지는 않다. 왜 그런가?

잠시 또 다른 문제를 생각해보자. 왜 법률가들이 정치가들 사이에서 양적으로 큰 비중을 차지하는가? 왜 대다수 미국 대통령은 법률가 출신인가? 군인 출신의 아이젠하워, 땅콩 농장 경영자 출신의 카터, 배우 출신의 레이건, 프로 야구 구단주 출신의 조지 W. 부시 등의 예도 있긴 하지만, 미국의 역대 대통령 42명(조지 W. 부시 포함) 가운데 25명이 변호사 출신이다. 60퍼센트 이상이 법률가 출신인 셈이다. 그뿐이 아니다. 철의 여인이라 불리는 영국의 대처 수상, 페레스트로이카의 주역이었던 러시아의 고르바초프 대통령, 필리핀의 아키노 대통령, 영국의 블레어 총리, 프랑스의 미테랑 대통령, 미국의 힐러리 상원의원 모두 법률가 출신이다. 우리나라의 경우에도 대통령 선거의 유력한 예비 후보들이 대부분 법률가 출신이다. 정당의 요직도 대부분 법률가 출신들이 차지하고 있다. 왜일까? 이 정도의 사례만 들어도, 실제로 정치에 관여하는 사람은 정치 전문가가 아니라 법 전문가라고 단언해도 지나침이 없다.

정치 현상에 대한 질문은 꼬리에 꼬리를 물고 이어진다. 의회와 행정부는 어떤 관계인가? 의회는 행정부보다 우위에 있는가? 그렇다면 전문 지식을 갖춘 관리가 전문 지식이 없는 의원에게 조사를 받아야 하는 것인가? 왜 의회는 모든 정보를 요구하는가? 의회에 그럴 권리가 있는 것인가? 그렇다면 비밀을 생명으로 하는 국방과 외교상의 문제도 의회 내에서 공개적으로 토론되어야 하는가? 그렇지 않다면 달리 어떤 방법이 있는가? 의회는 모든 권력을 통제하고 견제하는 전능한 권력을 갖는가? 그렇다면 그 이유는 무엇인가?

사실 우리는 이런 질문들을 진지하게 던져본 적이 별로 없다. 게다가 질문을 던져본다 해도 명쾌한 답변을 제시하는 경우를 찾기가 쉽지 않다. 언론은 끊임없이 정치적 무관심과 불감증을 부추기고, 정치에 관한 말초적이며 선정적인 지식으로 우리를 세뇌시킬 뿐이다.

이 책에 실린 베버의 글은 정치에 관한 근본적인 질문들에 답해준다. 그렇다고 해서 베버가 질의응답식으로 명쾌하게 답변을 하고 있다는 뜻은 아니다. 그는 정치에 관해 질문을 던지고 답변을 하되, 수많은 역사적 사실, 당시 정당 간의 역학 관계, 유럽 열강들 간의 세력 관계, 전쟁의 그림자를 바탕에 두고 있다. 그래서 그의 글은 결코 쉽게 읽히지 않는다.

이러한 어려움을 극복하기 위해 씨실과 날실의 독법을 제안한다. 씨실은 옷감을 짤 때 기준이 되는 실을 말하고, 날실은 씨실과 씨실 사이를 좌우로 오가면서 옷감을 구성하는 횡사(橫絲)를 말한다. 날실은 씨실을 풍부하게 해주고, 씨실은 날실의 근간이 된다. 베버의 글에서 씨실은 정치에 관한 근본적인 질문들이며, 날실은 그 글의 배경이 되는 역사적 사실, 정당 간의 역학 관계, 국가 간의 관계, 전쟁 등에 해당한다. 그래서 씨실만을 보게 되면 풍부한 관련 사실을 놓쳐 무미건조해질 수 있고, 날실만을 보게 되면 정치에 관한 근본적인 요점을 놓쳐 피상적 독해에 그칠 수 있다. 베버의 글을 풍부하게 이해하려면, 근본적인 질문에 해당하는 씨실을 붙잡고서 내용상의 풍부함을 제공해주는 날실과의 연관성 속에서 읽어야 한다. 나아가 날실을 확장해, 여기에 담긴 내용이 현재의 우리에게 어떻게 적용되고 있는가 하는 문제까지 생각하면서 읽는다면 이 글의 맛은 한층 살아난다.

이 점에서 베버의 글을 읽기 전에 먼저 해제를 읽기를 권한다. 특히 2절 〈혼돈의 시대와 베버의 정치관〉은 날실에 관련된 설명으로, 베버가 이 글을 쓸 당시의 역사적 조건, 정치 역학 관계, 군주제, 전쟁 등을 서술한 것이다. 단 이러한 주제들을 개별적으로 다루기보다는 베버의 글과 연관시켜 설명함으로써 그의 글을 이해하는 데 도움이 되고자 했다. 그리고 3절 〈행정과 정치의 투쟁〉은 씨실에 해당하는 질문들을 설명한 부분이다. 한마디로, 베버의 글 가운데 일반적이고 보편적인 질문들을 도출하여 이에 답변하는 형식을 취했다. 지면 관계상 베버의 글에 스며 있는 일반적인 질문과 답변을 모두 다루지는 못하고, 그중 중요하고 흥미로운 몇 가지만을 다루었다. 따라서 해제를 먼저 읽으면 난해한 베버의 글을 이해하는 데 도움이 될 것이며, 옮긴이의 미숙함에서 비롯된 거친 번역이나 미비함 등도 극복하기 쉬울 것이다.

이 책에 실린 베버의 글은 크게 세 장으로 이루어져 있다. 1장은 관료 지배와 정치적 리더십을 주제로 관료제와 군주의 관계, 관료제와 정치인의 관계, 군주와 의회의 관계를 다룬다. 관료제는 어떤 점에서 가장 우수한 지배 양식이며, 왜 무소불위의 권력을 행사하고 있는가? 관료제는 왜 불가피한가? 군주는 왜 정치 지도자가 되지 못하는가? 행정을 견제할 조직이나 기구는 없는가? 의회가 이런 기능을 담당하려면 어떻게 해야 하는가? 의회는 단지 행정을 견제하고 통제하는 것 외에 어떤 적극적인 정치를 펼쳐야 하는가? 베버는 이런 질문들을 던지고, 당시의 역사적 조건과 관련해 답변을 제시한다.

2장은 행정의 공개성과 정치 지도자 선출을 주제로, 경우에 따라서는 무지하기까지 한 의원이 전문 지식이나 비밀 지식을 갖춘 관리를 어떻게 견제할 수 있는지를 서술한다. 베버는 의회가 관리를 통제하는 가장 중요한 방법으로 조사권을 들고 있다. 단순한 조사권이 아니라 위원회 활동에 의한 조사권이다. 이를 통해 의원이 전문 지식을 배울 수 있을 뿐만 아니라 한 국가를 이끄는 정치 지도자로 성장할 수 있음을 베버는 지적하고 있다.

3장은 의회화와 민주화를 주제로, 의회화가 진행되고 발전하면 민주주의 또한 발전할 수 있다는 논지를 펼친다. 사회가 발전할수록 양당제보다는 다당제로 나아갈 것이고, 다당제 하에서도 의회화, 즉 의회 정부가 발전할 수 있다고 베버는 주장한다. 그는 '의회 없는 사회주의'도 '의회 없는 민주주의'도 일관되게 부정한다. '의회가 존재하는 민주주의'만이 진정한 민주주의라는 것이 베버의 주장이다. 이 점에서 베버는 미국식 민주주의나 국민 투표에 의한 민주주의의 맹점을 지적한다. 특히 전쟁 중에 민주주의를 주장하기란 쉽지 않은 일임에도 불구하고, 그리고 당시에 평등선거권이 도입되지 않았음에도 불구하고, 베버는 민주주의를 끊임없이 힘주어 강조한다.

베버의 글은 당시 독일 국내외의 크고 작은 사건들과 밀접하게 관련되어 있어 이해하기가 쉽지 않다. 때로는 커다란 사건이 한 행에 녹아 있기도 하고, 당시의 정당 간 역학 관계가 한 단어로 표현되기도 한다. 우회적 표현도 있고, 때로 자기 해명이 강하게 드러난 부분도 있다. 이 부분에 대해서는 가능한 한 옮긴이주를 달아 이해를 돕고자 했지만 미흡한 부분도 있을 것이다. 이런 점에서 다소 어렵기는 하지만, 이 글이 독일에만 한정되는 것은 아니다. 베버의 이 글은 의회제를 채택하고 있는 모든 국가에 일반적으로 적용될 수 있는 가능성을 내포하고 있다. 그런 점에서 이 번역이 현실 정치 일반론을 도출하고, 이를 현재의 정치 상황에 적용해볼 수 있는 가능성을 열어주기를 기대한다. 나아가 베버의 이 글은 행정과 대비되는 정치를 끝까지 옹호하고 있다. 이 점에서 이 책이 정치 혐오주의와 정치적 무관심과 무기력을 극복하고, 정치에 대한 본질적 이해에 조금이라도 기여할 수 있기를 기대한다.

옮긴이 이남석

제1장

관료 지배와
정치적 리더십

현대 국가에서 실질적인 *지배권*은 필연적으로 그리고 불가피하게 관료의 손아귀에 있다. 왜냐하면 권력은 의회의 토론이나 군주의 선언이 아니라 일상생활에서 *행정의 집행*을 통해 행사되기 때문이다. 이는 군사 영역과 시민 영역에도 그대로 적용된다. 현대의 고위 관리들조차도 '관직'을 위해 투쟁한다. 중세 이후 이른바 자본주의의 발전이 경제 현대화의 명백한 척도이듯 관료제의 주요 특징, 즉 공식적인 채용, 봉급, 연금, 승진, 전문 훈련과 분업, 고정된 관할 영역, 문서에 의한 절차, 서열에 따른 하위직과 상급직에 의거하는 공무원제의 발전 또한 국가 현대화의 명백한 척도이다. 이는 군주제 국가이든 민주주의 국가이든 어디에나 적용되며, 순환식 행정으로 유지되는 소규모 칸톤Kanton[1] 국가가 아니라 대규모 거대 국가라면 어디에든 적용된다. 절대국가와 마찬가지로 민주주의도 봉건적, 세습적, 귀족적 명망가와 그 밖에 명예 또는 상속에 의거해 그 기능을 수행하는 또 다른 명망가에 의한 행정을 배제하고, 대신 채용된 관리를 선호한다. 채용된 관리들이 우리의 모든 일상적 욕구와 문제를 결정한다. 이런 점에서 시민적인 행정 관리와 군의 명령권자인 장교는 다르지 않다. 또한 현대의 국민군은 *관료제적인 군대*이며, 장교는 기사, 용병 대장, 두목 또는 호메로스 시대의 영웅과 대립되는 특수한 종류의 관리다. 군대의 전투력은 복무 훈련에 달려 있다. 또 지방 행정에서 보여지는 관료주의의 발전도 크게 다르지 않게 진행된다. 최소 행정 단위가 커질수록, 다양한 종류의 기술적인 목적 결사와 경제적인 목적 결사가 최소 행정 단위의 유기적인 지역적 토착성을 제거할수록 이런 현상은 가속화된다.

그리고 교회도 마찬가지다. 1870년[2]의 중요한 결론은 많이 논의된 무오류성(無誤謬性)[3]이 아니라 최고 주교권에 관한 것이다. 그 공회는 '성직자 관료제Kaplanokratie'를 창출했고, 주교와 주임 신부를 로마 교황청 중앙 권력의 단순 관리로 바꿔버렸다. 이런 현상은 현대 대기업에서도 마찬가지여서, 기업이 커질수록 이 현상은 가속화된다. 통계로 보면, 사적 피고용인의 수가 노동자의 수보다 훨씬 더 빠르게 증가했다. 기업 내 두뇌 노동이 국가 관료의 두뇌 노동과 작게나마 구분된다고 생각하는 것은 우리 시대 문필가Literat[4]들의 매우 어리석은 생각이다.

오히려 양자는 기본적인 면에서 전적으로 동일하다. 사회학적인 관점에서 보면, 현대 국가는 공장과 마찬가지로 하나의 '기업'이다. 이것이 바로 국가의 역사적 특수성이다. 그리고 기업 내부의 지배 관계 역시 종종 동일하게 규정된다. 수공업자, 가내 공업주, 토지를 소유한 자유 농민, 순례 성직자, 기사, 가신은 상대적으로 독립되어 있다. 이는 그들이 바로 도구, 물품, 화폐, 무기의 소유자라는 데서 기인한다. 그들은 이것들을 이용해 경제적, 정치적, 군사적 기능을 수행할 수 있으며, 그 수행 기간에도 이것들로 먹고 살 수 있기 때문이다. 반면 노동자, 점원, 기술을 가진 피고용자, 대학의 연구 보조원, 그리고 국가의 관리와 군인은 서열에서 의존적이다. 이것은 경영과 경제적 존재에 불가피한 각 도구, 물품, 화폐가 행정 권력, 즉 한편으로는 기업가, 다른 한편으로는 정치 지도자에게 전적으로 집중되어 있다는 데에서 비롯된다.

예를 들면 러시아 군인들은 (무엇보다도) 더 이상 전쟁[5]이 진행되기를 바라지 않았다. 그러나 그들은 전쟁을 해야만 했다. 왜냐하면 경제적 경영 수단의 소유자들인 자본가들이 노동자를 공장과 광산으로 내몰듯이, 러시아 군인들이 살아가는 데 도움이 되는 물적인 전쟁 수단과 물품을 소유한 행정 권력의 소유자들이 병사들을 강제로 참호로 몰아넣었기 때문이다. 이와 같이 결정적인 경제적 토대, 즉 물적 경영 수단에서 노동자의 분리, 예컨대 경제에서는 생산 수단, 군대에서는 전쟁 수단, 공적 행정에서는 물적 행정 수단, 대학과 연구실에서는 연구 수단, 그들 모두에게 적용되는 화폐 수단에서 노동자의 분리는 강권 정치적, 문화 정치적, 군사적 국가 경영과 자본주의적 사적 경제의 공통적인 결정적 토대이다. 이 두 가지 경우에서, *관료제적 장치*(재판관, 공무원, 장교, 감독관, 사무원, 하위 장교)를 직접 소유하고 있거나 필요한 경우 사용할 수 있는 각 권력의 소유자는 이러한 수단을 마음대로 처분할 수 있다. 각 조직은 모두 이러한 행정 장치를 소유하고 있으며, 장치의 존재와 기능은 원인과 결과로서 '물적 경영 수단의 집중'과 밀접하게 연관되어 있다. 사실상 관료제적 장치가 바로 그 형식이라 할 수 있다. 오늘날, 점증하는 '사회화'란 바로 불가피하게 점증하는 관료화를 뜻한다.

또한 역사적으로 보면, 합리적으로 제정된 법과 합리적으로 고안된 규칙에 따라 판결하고 관리하는 관료제적 국가로의 발전은 오늘날 현대 자본주의의 발전과 매우 밀접하게 연관되어 있다.

현대 자본주의 기업은 내적으로 본다면 무엇보다도 *계산*에 의지하고 있다. 기업이 생존하기 위해서는 법과 행정이 필요하다. 이때 법과 행정의 기능은, *기계*의 작동을 계산하여 예상하는 것이 가능하듯이 확고한 일반적 기준 위에서 *합리적으로 계산*될 수 있다. 현대 자본주의 기업은 흔히 대중적으로 말해 이른바 '회교식 재판Kadijustiz', 즉 그 옛날 세계의 모든 지역에 존재했으며 현재에도 동양에 존재하고 있는 것으로, *개별* 재판관의 공정성 감각이나 또 다른 비합리적인 적법성 판정 수단과 원리에 따른 판결을 좋아하지 않는다. 또한 자유로운 전횡과 은총에 따라 그리고 그 외에는 영원히 신성하기는 하지만 비합리적인 전통에 따라 일을 처리하는 가부장적인 행정, 즉 과거의 유럽과 현재의 아시아에 존재하는 신정적 또는 세습적 왕조의 행정을 선호하지 않는다. 이러한 '회교식 재판'과, 이와 유사한 행정이 그 비합리적 성격 때문에 종종 *타락했다*는 것은 사실이다. 바로 그 때문에 상인 자본주의, 국가 조달 자본주의, 4,000년 전부터 세계에 알려진, 합리적 자본주의 *이전의* 자본주의, 특히 정치, 전쟁, 행정 자체에 기생하는 모험 자본주의와 약탈 자본주의가 발생하고 발전할 수 있었다. 자본주의적 획득의 이런 원초적 형태들과 대립되는 현대 자본주의의 고유한 특징은 *합리적 기술*의 토대에 근거한 노동의 극히 합리적인 *조직*이다. 이런 조직 형태는 비합리적으로 구성된 국가에서는 *결코* 나타나지 *않았으며*, 또한 나타날 수도 없었다. 게다가 비합리적인 법과 행정은 고정 자본과 정확한 계산을 생명으로 하는 현대적 기업 형태에 극히 치명적이다.

이러한 현대적 기업 형태는 다음과 같은 조건에서만 발생할 수 있다. 우선 영국의 경우로, 법의 실질적인 형태가 실제로 변호사의 수중에 있는 경우이다. 이때 변호사는 의뢰인들, 즉 자본주의적 이해 관계자들에게 봉사하기 위해 적합한 거래 형식을 고안했으며, 또한 '선례', 즉 계산 가능한 본보기와 밀접하게 연관된 재판관이 이 변호사들 중에서 모집되었다. 둘째, 합리적 법률을 갖춘 관료제적 국가에서처럼 재판관이 법 조항 자동 해석기Paragraphen-Automat인 경우이다. 사람들이 위에서 비용과 수수료 외에 법적 자료들을 집어넣으면, 재판관은 밑으로 비교적 논거가 분명한 근거와 판결을 토해내는 것이다. 이때 그 기능은 대체로 *계산 가능해야* 한다.[6]

정당 내에서 관료화의 진전은 경제와 국가 행정에서 관료화의 진전과 크게 다르지 않다.

정당이 오늘날 관료제에 지배되는 '국민'의 모든 정치적 의지를 담당하는 가장 중요한 존재임에도 불구하고, 정당이 존재하기 위해 헌법이나 (최소한 독일에서) 법령의 승인이 필요한 것은 아니다. 지지자들의 가입을 확보하기 위해 어떤 방법을 사용하는가와 무관하게 정당은, 그 내적 본질에 따라 자발적으로 만들어지고 끊임없이 새로운 *당원 모집*으로 귀결되는 자유 조직이다. 이 점은 법이나 계약에 의해 견고하게 구성되는 모든 단체와 구별되는 부분이다. 오늘날 정당의 목표는 대부분 정치적 지위나 투표[7] 단체를 위한 선거에서의 표 획득이다. 정당 이해 관계자의 핵심부는 한 사람의 지도자나 명사 집단의 지도를 받고, 매우 다양하고 확고부동한 집단으로 구성되며, 현재에는 종종 발달된 관료제를 갖춘 경우도 있다. 이들 핵심은 정당 후원자, 경제적 이해 관계자, 관직 추구자의 도움이나 회비 납부자를 통해 재정을 조달한다. 대체로 이 가운데 몇 가지 방법이 이용된다. 그 핵심부가 강령, 행동 방식, 후보자를 결정한다. 봉급을 받는 관료로 귀결되는 발전된 형태의 대중 정당 조직에서조차, 대중은 고작 유권자이거나, 상당히 인정되는 경우에도 단지 '동료'에 지나지 않으며, 강령과 후보자의 결정에 참여하지 못한다(또는 형식적으로 참여할 뿐이다). 오히려 유권자가 고려되는 경우는, 단지 강령과 후보자가 투표수 획득 가능성에 따라 채택되거나 선택될 때뿐이다.

선거 운동의 존재, 방식 그리고 소수가 강령과 후보자를 필연적으로 통제한다는 사실을 도덕적으로 비난할 수 있다. 그렇다고 해서 그 비난이 정당의 존재 자체를 부정하는 것은 아니다. 그 비난은 고작 정당의 구성 방식과 진행 방식을 바꿀 수 있을 뿐이다. 예를 들면 미국에서 몇 차례 진행되었던 대로, 능동적인 정당 핵심 형성의 조건(노동조합 형성의 조건과 유사한)과 선거판에서의 '선거 규칙'은 법으로 통제된다. 그러나 능동적 인민 대표제가 폐지되지 않는 한 정당 간의 투쟁 자체를 폐지하는 것은 불가능하다.

그러나 일부 문필가들은 정당 간 투쟁을 폐지할 수 있다거나 폐지해야 한다는 불분명한 생각을 끊임없이 재생시키는 데 몰두하고 있다. 이러한 생각은 의식적이든 무의식적이든 보통(차등 또는 평등) 국민 선거에서 형성된 의회 대신, 또는 이런 의회 외에 '직업'의 토대 위에서 형성되는 선거 단체를 만들 것을 주장한다. 이 주장에 따르면 직능 단체가 의회와 동시에 선거 단체로 존재한다. 이러한 생각은 이미 다음과 같은 때에는 적용될 수 없다. 주지하다시피 특정 직업에의 형식적 소속감이 경제적, 사회적 기능에 관한 어떤 것도 설명해주지 못할 때, 그리고 모든 기술이 새롭게 발명되고 모든 경제가 변화하고 새롭게 형성되어, 형식적으로 동등하던 직업 지위의 의미와 상호간의 수적 관계가 변화할 때이다. 또한 어떤 수단을 이용한다 해도 이런 목적을 달성하지는 못한다. 전 유권자를 현재의 상인 의원 또는 농민 의원으로 대표하고, 이를 바탕으로 의회를 구성했다 할지라도 다음과 같은 결과가 자명해진다.

첫째, 법적으로 강력하게 결합된 직업 조직 외에도, 한편으로 자발적 *이익* 집단이 지속적으로 존재할 것이다. 예컨대 농민 의원 이외에 농민 결사가, 상인 의원 이외에 다양한 종류의 자유 기업가 조직이 있을 수 있다. 또 다른 한편으로 충원에 바탕을 두고 있는 *정치* 정당들은 환경이 변화한다고 해서 사라지기는커녕 당연히 충원 방향과 방식을 바꿔 적용할 것이다. 확실히 별다른 장점이 없다. 선거 자금 후원자와 (자본가적 종속의 이용에 의한) 모든 직능 단체가 선거에 미치는 영향은 예전과 마찬가지로 통제 불가능하게 지속될 것이기 때문이다. 이외에도 다음과 같은 결과가 자명해질 것이다. 직능 단체의 구성이 의회 선거와 관직의 정실 인사 Amtspatronage[8]에 영향을 미치게 될 때, 직능 단체에 의한 실질적인 과제 해결은 정치 권력 투쟁과 정당 간의 투쟁에 빠지게 되며, 결과적으로 실제 능력 있는 전문 대표자 대신 정당 대표자가 이러한 직능 단체를 차지하게 될 것이다.

한편 의회는 *국가의* 정치적 방향을 정하지 못하고 *물질적* 이익 타협을 위한 시장이 될 것이다. 관료제의 입장에서 본다면 이와 같은 상황은, 물질적 이익 대립을 결정하고 정실 인사와 조달 협력 체제에 의해 관료제의 고유 권력을 유지시키고 나아가 모든 행정 통제를 사실이 아닌 것처럼 만든다. 왜냐하면 이익 집단의 결정 과정과 타협은 이젠 거의 통제 불가능한 것이 되어 비공식적 집단의 은폐된 장막 뒤에서 이루어지기 때문이다.

정치 *지도자*가 아닌 닳고 닳은 *상인*이 의회에서 직접 이득을 취하는 반면, 정치 문제를 정치적 관점에 따라 해결하는 데 이른바 그러한 '의회'는 참으로 가장 부적절한 장소가 되었다. 전문가의 입장에서 본다면 이는 명백한 사실이다. 또한 그 입장에서 본다면, 정당과 의회에 대한 자본가의 영향력을 축소시키거나, 정당 몰이를 제거하거나 정화할 만한 수단이 없다. 이와는 정반대되는 상황이 벌어진다. 정당이 자유 충원에 의거하는 조직이라는 사실은, 정당이 국가의 통제를 받아서는 안 된다는 것을 의미한다. 현재 사회 질서의 경쟁 위에서 자연스럽게 성장한 조직이 아니라 국가의 규정에 의해 창출된 조직만을 조직으로 이해하는 문필가들은 이것을 이해하지 못한다.

현대 국가에서 정당은 무엇보다도 두 가지 최고의 내적 원리에 의거해 건설될 수 있다. 정당은 우선—— 헌법 해석에 관한 강한 대립이 사라진 이후의 미국에서처럼—— 본질적으로 *관직 정실 인사* 조직이다. 정당의 목적은 선거를 통해 정당의 지도자를 최고의 지위에 올려놓는 것이고, 최고 지위에 오른 정당의 지도자는 그 대가로 정당의 당직자와 선거 참모에게 국가의 관직을 부여한다. 정당들은 내용상 윤리적 원칙을 갖고 있지 않기 때문에, 유권자에게 가장 강력한 선전 효과를 발휘하는 강령에 이러한 요구를 경쟁적으로 포함시킨다. 정당의 이러한 성격은 미국에서 노골적으로 나타난다. 미국에는 어떤 의회 제도도 존재하지 않기 때문이다.[9] 따라서 인민에 의해 선출된 연방 대통령은 (선출된 주 상원의 참여 하에) 엄청난 숫자의 연방 관직의 정실 인사권을 소유한다. 이 제도는 반드시 부패를 불러옴에도 불구하고 대중적이다. 이 제도는 관료 *카스트*의 발생을 막아주기 때문이다. 그러나 이것이 기술적으로 가능했던 이유는 비전문가에 의한 최악의 경영조차 경제적 기회의 무제한적 풍요의 관점에서 허용될 수 있었기 때문이다. 전문성이 부족한 정당 당원과 임시 관리를, 관직을 평생직으로 알고 있는 전문 관리로 대체할 필요성이 점증하면 이와 같은 미국식 정당에 수반되는 관직 제도가 폐기되고 유럽식 관료제가 도입되게 된다.

둘째, 정당은 특히 이데올로기 정당으로서, *내용상* 정치적 이상의 완성에 기여하고자 한다. 상대적으로 순수한 형태인 이런 정당은 관료화가 이루어지지 않았던 18세기 독일의 중앙당과 사회민주당에서 그 예를 찾아볼 수 있다. 그러나 일반적으로 정당은 두 가지 성격을 다 가지고 있다. 즉 정당은 전통에 의해 전승되며, 전통의 고려 하에 수정된 정치적 목적을 본질적으로 갖고 있는 동시에 외적으로는 *관직 정실 인사*를 추구한다. 각 정당은 정당 지도자들이 가장 높은 정치적 지위를 차지하기를 바란다. 선거 투쟁에서 이러한 목적이 달성되면 정당 지도자와 정당 경영의 이해 관계자는 정권을 차지하고 있는 동안 당원에게 안정된 국가 관직을 주선해 준다. 이것은 의회제 국가의 규칙이다. 따라서 의회제 국가에서는 이데올로기 정당도 당연히 이러한 길을 따르게 된다. 비의회제 국가에서 정당은 *최고* 관직의 정실 인사를 단행하지 못한다. 그럼에도 정당들 가운데 가장 영향력 있는 정당은, 최소한 관직과 관련해 추천받은 후보자 외에 정당의 당원들에게도 비정치적인 국가 관직을 허락해달라고 지배 관료를 압박할 수 있는 지위에 있다. 이 점에서 이런 정당은 *하위* 정실 인사권을 행사할 수 있다.

지난 세기 동안 선거 기술이 점점 더 합리화됨에 따라 모든 정당은 내적 구조에 따라 관료제적 조직으로 전환되어왔다. 개별 정당들이 이러한 길에서 어느 단계에 도달해 있는지는 각기 다르지만, 최소한 대중 국가에서 이러한 방향은 부정할 수 없는 사실이다. 영국 내에서 체임벌린J. Chamberlain의 '코커스Caucus',[10] 미국 내에서 이른바 '머신Maschine'[11]의 발전, 가장 빠르게는 사회민주당 내에서, 그리고 전적으로 매우 자연스럽게 곧장 민주당 내에서, 독일을 포함한 세계 모든 곳에서 점증하는 정당 관료의 중요성은 모두 이러한 과정의 단계들에 해당한다. 중앙당에서는 성직자 기구, 즉 카플라노크라티Kaplanokratie가 정당 관료제 기능을 담당했고, 푸트카머Puttkamer 수상 이후 프로이센의 보수당의 경우에는 주의 군수 대표 기구Landratsvorsteherapparat와 관직 대표 기구Amtsvorsteherapparat가 정당 관료제의 기능을 공개적으로 또는 은밀하게 수행했다. 정당의 권력은 우선 이러한 관료제 조직의 질에 좌우된다. 정당 연합이 잘 꾸려지지 않는 이유는 강령상의 차이보다는 오히려 정당 관료 기구의 상호 적대성에 있다. 의원들 가운데 리히터Eugen Richter와 리케르트Heinrich Rickert가 독일 진보당 내에서 각자 직장 노동조합 대의원 머신을 갖고 있다는 사실은, 이 정당이 후일 붕괴될 것임을 미리 보여주는 부분이다.

국가 관료제는 당연히 정당 관료제와는 부분적으로 다르

며, 국가 관료제 내에서도 시민 관료제와 군대 관료제는 서로 다르고, 이러한 모든 관료제는 다시 동질 집단, 예컨대 교회, 은행, 기업 연합, 동업 조합, 은행, 이익 집단(경영자 연합, 농업 동맹) 간에 서로 다르다. 따라서 귀족과 이익 집단이 참여하는 정도도 위의 모든 경우마다 상당히 다르다. 정당의 '보스'나 주식 회사의 중역은 결코 관료가 아니다. 다양한 형태의 이른바 '자치 행정'에서는 온갖 종류의 명망가, 선출된 피치자 대표 또는 강제적으로 일을 맡게 된 이해 관계자가 공동 결정에 참여하고, 통제를 하고, 충고를 하고, 적절하게 임무를 수행하며, 조합이나 개별 조직의 형태로 관료에 종속되거나 부속되거나 또는 관료보다 상위에 있기도 한다. 무엇보다도 마지막 현상은 도시 행정에서 나타난다. 그러나, 이러한 제도들이 확실히 실질적 중요성을 갖고 있긴 하지만 여기서는 그 부분에 대해 관심을 갖지 않을 것이다.[12]

여기서 무엇보다 중요한 것은 *대중* 단체의 행정에 있어서 *전문 훈련*을 받은 상근 관료가 기구의 핵심을 구성하며, 그의 '훈련'이 성공의 절대적 전제 조건이라는 점이다. 단체가 커질수록, 단체의 임무가 복잡해질수록, 그리고 무엇보다 단체의 존립이 권력(시장, 선거판, 또는 전쟁터에서는 권력 투쟁이 중요하다)에 의존할수록 이것은 사실이 된다. 또한 이것은 정당에도 그대로 적용된다. 프랑스(프랑스 의회가 전반적으로 비참한 것은 관료제적 정당이 부재하기 때문이다)에서, 그리고 부분적으로는 독일에서처럼, 지역 명망가 행정 제도——한때 중세 시대에 모든 유형의 단체가 이런 행정을 취했으며, 현재에도 중소규모의 동질 집단이 이런 행정을 취하고 있다——를 고수하는 정당이 있다면, 그 정당의 몰락은 불을 보듯 뻔하다. 오늘날 그러한 '존경할 만한' 시민, '학문의 주요 인물', 그리고 그 밖에 명칭이 무엇이든지 간에 그러한 종류의 인물은 당에서 결정적인 일상 업무의 담당자가 아니라 선전 수단, 그 자체로 이용된다. 이것은 마치 주식 회사에서는 온갖 종류의 화려한 고관들, 가톨릭 의회에서는 고위 성직자들, 농업 동맹 회의에서는 적자(嫡子) 귀족이나 서자(庶子) 귀족들, 범독일 전승의 선동과 선거 특권의 선동에서는 온갖 종류의 존경받을 만한 역사가, 서지학자, 대개 정치에 문외한이기는 하지만 다른 능력을 지닌 사람들이 역할을 맡는 것과 마찬가지다. 모든 조직에서 봉급을 받는 피고용인과 다양한 종류의 대리인들이 실질적인 노동을 점점 더 떠맡게 된다.

처음에는 이탈리아인들이, 후에는 영국인들이 근대 자본주의적 경제 조직을 발전시켰던 것처럼, 처음에는 비잔틴인들이, 후에는 이탈리아인들이 절대주의 시대의 영토 국가인 프랑스의 혁명적 중앙 집중화를 발전시켰던 것처럼, 독일인들은 다른 모든 것을 뛰어넘어, 공장부터 군대와 국가에 이르기까지 인간의 모든 지배 형태에서 합리적, 분업적, 전문적인 *관료제적* 조직을 발전시켰다. 독일은 단지 정당 조직의 기술에 있어서만 다른 국가, 특히 미국보다 일시적으로 그리고 부분적으로 뒤졌을 뿐이다.

그러나 현재의 세계대전은 무엇보다도 전 세계에 대한 이러한 생활방식의 승리를 의미한다. 어차피 이러한 생활방식은 진행 중이다. 급료에 있어 유리하며 무엇보다 '보장된' 사적·공적 관직 지위의 전제 조건으로서의 전문 시험, 사회적 명성에 대한 모든 요구의 토대로서의 전문 자격증, '신분에 알맞으며' 안정된 연금 수입, 또한 가능하다면 봉급 인상과 연공에 따른 승진 같은 것들은 알려져 있듯이 이미 대학들의 '일상적 요구'이다. 이러한 것들은 종합 대학교, 기술 학교와 상업 학교, 실업 학교, 군사 아카데미, 생각해볼 수 있는 모든 종류의 전문 학교(심지어 저널리스트 학교까지!)의 학생들이 취직하는 데 공통적으로 요구되는 것이기 때문이다. 이러한 것은 국가 외부에서와 마찬가지로 국가 내부에서도 적용된다. 여기서 우리는 *정치* 생활의 결과에 관심을 갖는다. *보편적 관료화*라는 이와 같은 객관적 사실은 실제로 이른바 '1914년의 독일적 관념', 문필가들이 우회적으로 '미래의 사회주의'라고 명명했던 것, '조직화된 사회', '협동조합경제'와 같은 표어, 일반적으로 현재의 모든 유사한 표현 이면에 은밀하게 숨어 있다.

이러한 것들은 설령 그 반대쪽을 지향한다 할지라도, 결과적으로 관료제 창출을 조장한다. 공장이 유일한 이윤 획득적 경영 형태가 아니듯이, 관료제도 유일한 현대적 조직 형태가 아니라는 것은 확실하다. 그러나 양자는 현재와 가까운 미래를 특징짓는 형태이다. 미래는 관료제 사회이다. 문필가들이 자유 방임 시대와 마찬가지로 이 경우에도 지금 상승 중인 권력에 박수 갈채를 보내는 직업을 추구하는 것은 당연한 일이다. 양 시대는 똑같이 순진무구함으로 가득 차 있다.

그러나 관료제는 현대의 합리적 생활 질서의 여러 역사적 담당자들 중에서도 독보적인데, 이는 관료제의 엄청난 *불가피성* 때문이다. 역사적 예에서 살펴보듯이, 관료제가 완전히 독자적으로 지배했을 때, 예를 들어 중국과 이집트, 그렇게 일관된 형태가 아닌 경우에는 후기 로마와 비잔틴에서처럼, 관료제를 떠받치고 있는 전체 문화가 완전히 몰락하는 경우를 제외하고는 관료제는 결코 소멸하지 않았다. 그럼에도 상대적으로 대단히 비합리적인 관료제 형태인 '세습 관료제'가 아직도 존재하고 있다. 현대 관료제가 무엇보다도 이러한 구시대적 관료제와 구별되는 것은 바로 고유한 속성 때문이다. 다른 어떤 것보다도 현대 관료제의 불가피성을 확고하게 정립시킨 *합리적인 특정 전문성과 훈련*이 고유 속성이다. 고대 중국의 관리는 결코 전문 관리가 아니었고, 반대로 문학적·인문학적 교양 훈련을 받은 일종의 '젠틀맨Gentleman'이었다. 이집트, 후기 로마 또는 비잔틴의 관리는 우리가 말한 의미에서의 관료에 훨씬 더 가깝다. 그러나 그들이 맡은 공무는 현대의 공무에 비해 극히 단순하고 제한적이었으며, 그들의 태도 또한 어느 정도 전통적이고 가부장적이어서 비합리적이었다. 과거의 상인들과 마찬가지로 그 관리들은 순수하게 경험주의적이었다.

현대의 관리는 현대 생활의 합리적 기술에 뒤지지 않기 위해 끊임없이 그리고 반드시 전문 훈련을 받았으며 전문화되었다. 전 세계의 모든 관료제가 이러한 길을 따른다. 우리나라가 다른 나라보다 우세한 것은 전쟁 전에 다른 국가의 관료제가 아직 이 길에 들어서 있지 못했기 때문이다. 옛날 미국에서 정당 정실 인사에 의해 임명된 관리는 선거 '전문가'이기는 하지만, 그 관직에 상응하는 '실무'에서는 결코 전문 훈련을 받은 관리가 아니었다. 우리의 문필가들이 대중에게 공언한 것처럼, 그곳의 부패는 민주주의 자체가 아니라 전문적인 훈련의 부재에서 비롯된다. 현재 명망가('젠틀맨')에 의한 자치 행정을 점점 대체해가는 현대 영국의 관료제와 마찬가지로, 대학에서 전문 훈련을 받은 공무원은 부패를 모른다. 그러나 훈련받은 현대 전문 관리가 지배하자마자 그의 권력은 결코 파괴할 수 없는 것이 된다. 왜냐하면 그가 가장 기본적인 생활상의 욕구를 충족시키기 위한 전체 조직을 짜맞추기 때문이다. 사적 자본주의의 폐지는 많은 문필가들이 어떤 결과가 초래될지 알지 못한 채 몽상적으로 생각하듯이 그렇게 손쉬운 일이 결코 아니며, 또한 이 전쟁의 결과로 발생하지 않을 것이 분명하지만, 그래도 사적 자본주의의 점진적 폐지를 이론적으로 생각해볼 수는 있다.

그러나 사적 자본주의의 폐지가 언젠가 달성되었다고 가정해보자. 그때 사적 자본주의의 폐지는 실제로 무엇을 의미할 것인가? 현대 산업 노동의 강철 우리[13]의 파괴인가? 아니다. 오히려 그 반대이다. 국유화되었거나 또는 그 밖에 '공동 경제'를 떠맡은 기업의 *행위*가 관료화된다. 프로이센의 국유 광산과 철도에 소속된 월급쟁이와 노동자의 생활 형태가 거대 사적 자본주의 기업에 소속된 이들의 생활 형태와 *다르게* 느껴질 만한 것이 있는가? 그들은 *자유롭지* 못하다. 왜냐하면 국가 관료제에 대한 어떤 권력 투쟁도 *승리한다는 보장이 없으며*, 원리상으로 그들은 국가 관료제와 그 권력에 대한 *반대*에 관심을 갖는 어떤 주무 관청에도 도움을 청할 수 없기 때문이다. *이것은 커다란 차이다.* 사적 자본주의가 폐지된다면 국가 관료제가 독자적으로 지배하게 될 것이다. 현재 사적 관료제와 공적 관료제가 동시에 작동하고 있는데, 가능성 면에서 상호적대적이며 어느 정도 서로를 견제하고 있기는 하지만, 결국 하나의 히에라르키Hierarchie[14]로 융합될 것이다. 이것은 고대 이집트에서도 발생하기는 했지만, 현대에 들어와 아주 비할 데 없이 합리적으로, 또한 바로 그 때문에 필연적 형태로 발전할 것이다.

생명력이 없는 머신은 *객관적인 정신*이다. 이 머신은 인간을 자신에게 복종하도록 강요하고, 인간의 일상적 노동 생활을 압도적으로 결정하는 권력을 지닌다. 실제로 이런 예를 이미 공장에서 보지 않았는가? *객관적인 정신은 또한 살아 있는 정신으로서*, 훈련받은 세부 작업의 전문화, 관할 영역의 분화, 규칙, 서열화된 복종 관계를 생명으로 하는 관료제적 조직을 의미한다. 관료제적 조직은 죽은 기계와 결합해, 고대 이집트의 농부들이 그랬던 것처럼 아마도 언젠가 인간을 무기력하게 강제적으로 복종시키게 될 미래의 예속의 굴레를 만들어낼 것이다. 이것은 *관료제적 조직이 순수하게 기술적으로 우수하다면, 즉 합리적인 관료제적 행정과 서비스가 문제 관리 방식을 결정하게 될 최후이자 유일한 가치인* 경우에 예속의 굴레를 만들어낼 것이다. 말하자면 관료제는 다른 어떤 지배 구조보다 비교할 수 없을 정도로 매우 우수하게 작동한다는 말이다. 그리고 우리의 문필가들이 그토록 찬양했던 이러한 예속의 굴레는 각 개인이 기업(처음에는 이른바 '복지 시설'에서), 계급(점증하는 소유 분배의 엄격성에 의해서), 그리고 아마도 미래에는 직업('전례에 의거한' 국가적인 욕구 충족 방법을 통해서, 즉 직업 단체에게 국가의 업무를 부담시킴으로써)에 묶이게 됨으로써 완성되어간다.

과거의 강제 노동 국가 같은 사회 영역에서 피지배자의 '신분' 조직이 관료제에 병합된다면(그리고 실제로 관료제에 종속된다면) 이 경우 관료제는 한층 더 파괴할 수 없는 것이 된다. 이때 발생하는 '유기적인' 사회 구성은 동양-이집트 유형과 유사하겠지만, 한편 동양-이집트 유형과는 대조적으로 머신처럼 극도로 합리적일 것이다. 미래의 모체 내에 이 같은 *가능성*이 존재하고 있다는 것을 누가 부정하겠는가? 실제로 이 같은 내용이 이미 종종 언급되어왔다. 또한 우리 문필가들은 그 그림자에서 벗어나지 못한 채 관료제에 관한 혼동된 예견을 하고 있다. 이러한 가능성이 불가피한 운명이라고 일단 가정하자. 그렇다면, 정치·사회적 발전으로 앞으로 '개인주의'나 '민주주의'가 만연하게 되고, '사회적 질서'와 '유기적 구성'을 위해, 즉 유일하고 아주 *불가피한* 권력, 즉 국가와 경제의 관료제라는 날개 하에서의 사회적 무기력의 평화주의를 위해 현재와 같은 경제적 생산의 '무정부성'과 의회의 '정당 기업'이 *폐지될* 때에야 비로소 '진정한 자유'가 빛을 발할 것이라고 걱정하는 문필가들을 누가 비웃지 않겠는가?

관료화의 끊임없는 행진이라는 기본적 사실을 전제하고서, 이제 미래의 정치 조직 형태 일반에 대한 문제를 제기해보자.

① 이와 같이 전반적인 관료화가 압도적으로 진행되는 상황에서 어떻게 해야 '개인' 활동의 자유를 끄집어낼 수 있는*가*? 우리가 (가장 보수적인 사람 역시) 오늘날 '인간 권리'의

시대에 개인의 자유를 달성하지 못한 채 살아가는 것이 일반적으로 가능하다고 믿는 것은 결론적으로 말해 조야한 자기기만에 지나지 않는다. 그러나 여기서 우리는 이 문제에는 관심을 갖지 않을 것이다. 우리의 관심을 끄는 또 다른 문제가 있기 때문이다.

② 여기서 우리의 관심을 끌고 있는 국가 관료제가 점점 더 불가피해지고, 그에 따라 국가 관료제의 권력 지위도 증가하는 상황에서, 끊임없이 점점 더 중요하게 성장하고 있는 이러한 관료층의 압도적 권력을 절제시키고 효과적으로 통제할 만한 권력이 존재하고 있음을 어떻게 보증할 수 있을 것인가? 또한 이 같은 한정된 의미에서 *일반적으로* 어떻게 민주주의가 *가능할* 것인가? 그러나 또한 이것은 우리가 여기서 몰두할 유일한 문제는 아니다. 왜냐하면 가장 중요한 세 번째 문제가 있기 때문이다.

③ 세 번째 문제, 가장 중요한 문제가 관료제 자체가 수행하지 *못하는* 것의 관점에서 발생한다. 관료제가 사적 경제의 영역에서와 마찬가지로 공적, 국가적·정치적 영역에서도 명백한 한계를 갖는 것은 쉽게 확인된다. *지도하는* 정신, 즉 어떤 경우에는 '기업가', 또 다른 경우에는 '정치인'의 존재는 '관리'와는 다른 어떤 것이다. 기업가 그리고 정치인과 관리는 형식에서는 그다지 다르지 않지만, 본질에서는 분명 다르다. 기업가는 '사무실'에서 근무한다. 군사령관도 마찬가지

다. 군사령관도 일종의 관리이며, 형식으로 본다면 다른 모든 관리와 다르지 않다. 그리고 거대 기업의 총수가 주식 회사에 임명된 관리라고 한다면, 그는 법률상의 지위에서 원리상 다른 관리와 구분되지 않는다.

이것은 국가 생활의 영역에서 주도적인 정치가에게도 그대로 적용된다. 장관은 형식으로 볼 때 연금을 받는 관리에 지나지 않는다. 지구상의 모든 헌법에 따라 장관은 해임을 당할 수도 있고 해임을 요청할 수도 있다. 이것은 장관의 지위가 대부분의 다른 관리와 외적으로 다르다는 것을 보여주기는 하지만, 그렇다고 해서 다른 모든 관리와 구별된다는 것을 의미하지는 않는다. 이와 반대로 가장 눈에 띄는 것은 장관만이 꼭 전문가적 자질을 갖출 필요는 없는 존재라는 점이다. 이것은 장관이 그 지위의 의미에 따라 기업가와 사적 경제 내의 총수 같은 다른 관료와 유사하면서도 다르다는 것을 보여준다. 또는 그는 어떤 다른 존재라고 말하는 것이 오히려 맞을지도 모른다. 그리고 이것 역시 사실이다. 지도자가 자신의 행위 정신에 따라 행동하는 '관리'라고 한다면, 아무리 그가 규칙과 명령에 따라 의무적으로 그리고 고결하게 자신의 업무를 수행하는 능력 있는 사람이라 할지라도, 그는 사적 경제의 총수와 국가의 최고 지도자 자리에 있을 필요가 없다. 유감스럽게도 우리는 국가 안에서 이러한 예를 보아왔다.

그 차이는 어떤 행위를 할 것인가에 어느 정도 달려 있다. '지도자'뿐만 아니라 '관리' 역시 사소한 문제나 종종 아주 큰 문제에 부딪혔을 때, 자기 생각에 따라 독자적으로 결정하기도 하고 조직의 능력을 결정하기도 한다. 관리는 하위 일상 행위에 몰두하고, 지도자만이 '흥미롭고' 정신적 능력이 요구되는 특수 업무를 수행할 것이라는 생각은 지극히 문필가적인 것이다. 또한 그러한 생각은 업무 수행 방식과 관료의 행위에 대해 전혀 통찰하지 못했던 국가에서나 가능한 것이다. 오히려 그 차이는 지도자와 관리의 *책임감*에 달려 있다. 물론, 더 나아가 양자에게 부여된 요구도 이 책임감에 따라 달라지게 된다. 자신의 관점과 다른 명령을 받은 관리는 이의를 제기할 수도 있고, 그래야 할 것이다.

그러나 상급자가 그 명령을 고집할 경우, 마치 그 명령이 자신의 가장 고유한 신념과 일치하는 것처럼 그것을 완수하고, 그럼으로써 관직의 의무감이 자신의 개인적 특성보다 중요하다는 것을 보여주는 것은 관리의 의무일 뿐만 아니라 명예이기도 하다. 그에게 강제적 명령을 부여한 상급자가 '관청'인지 '조합'인지 아니면 '의회'인지는 중요하지 않다. 그것이 바로 *관직*의 정신이다. 정치 지도자가 이런 식으로 행동한다면 *경멸*을 받게 된다. 그는 종종 타협, 즉 중요한 것을 위해 중요하지 않은 것을 희생시킬 것을 강요받는다. 정치 지도자가 '내가 이런 훈령을 받아들여야 할지, *아니면 사임해*

야 할지'에 대해 지도자(군주든 국민이든 간에)에게 지속적으로 의견을 구한다면, 그는 비스마르크Otto von Bismarck가 명명한 대로 비참하게 '관직에 집착하는 자Kleber'이지 결코 지도자가 아니다. 관리는 '정당에 구애받지 않는', 즉 실제로는 개인적 권력 투쟁의 외부에 있어야 한다. 개인적 권력 투쟁과 이 권력에서 비롯된 *자신의 일에 대한 책임감*은 정치가의 기본 요건이다. 이것은 기업가에게도 해당된다.

비스마르크 수상의 사임 이후 독일은 '관리'에 의해 통치되었다. 비스마르크가 자신 이외의 모든 정치 지도자를 제거했기 때문이다. 독일은 언제나처럼 성실성, 교육, 양심, 지식에서 세계에서 가장 우수한 군사 관료제와 시민 관료제를 유지했다. 전쟁 기간 동안 대외적으로도 그랬지만 대체로 국내에서 독일이 이러한 수단으로 성공을 거뒀다는 것은 익히 알려진 사실이다. 그러나 지난 수십 년 동안 독일 정치의 *지배*는 어떠했는가? 가장 우호적인 언급조차 '독일 군대의 승리가 독일 정치의 패배를 다시 보상해주었다' 정도에 불과했다. 우리는 어떤 희생이 있었는가에 대해서는 침묵을 지키고, 대신 이러한 실패의 원인에 대해 질문을 던질 것이다.

*외국*은 독일의 '전제 정치'가 잘못이라고 생각한다. 독일 *내부*에서는 문필가들의 유치한 역사 사색 덕분에, 국제 '민주주의'의 결탁으로 독일에 반대하는 부자연스런 세계 동맹이 맺어졌다고 믿고 있다. 외국은 전제 정치로부터 '독일의

해방'이라는 위선적인 구절을 채택했다. 국내에서도 마찬가지로 현존 제도의 기득권자들——우리는 앞으로 그들을 알게 될 것이다——은 '민주주의'에 의한 얼룩으로부터 '독일 정신'을 보호할 필요성이라는 위선적인 구절을 채택하거나 또 다른 속죄양을 찾았다.

예를 들면 독일의 외교를 비난하는 것이 일상화되었다. 추측해보건대 이것은 부당하다. 평균적으로 본다면, 아마도 독일의 외교는 다른 국가의 외교 수준만큼은 된다. 여기에는 하나의 혼동이 있다. 부족했던 것은 *정치가*에 의한 국가 *지배*이다. 그렇다고 해서 과거 수백 년 동안 기대되어왔던 정치 천재, 즉 현저한 정치적 자질을 갖춘 인물에 의한 지배를 말하는 것은 아니다. 오히려 *일반적인* 정치가의 지배가 부족했을 뿐이다.

이제 우리는 두 개의 권력, 즉 군주와 *의회*에 관한 토론에 도달했다. 이 두 권력 기구는 현대 입헌 국가 내에서 모든 포괄적인 관리층 이외의 존재로서, 통제 기관과 지도 기관의 역할을 하고 있다. 우선 첫 번째 것부터 살펴보자.

독일의 왕실이 커다란 어리석음을 범하지 않는 한, 과거의 잘못에서 사소한 것이라도 배운다면 독일 왕실의 지위는 전후에도 확고할 것이다. 1914년 8월 4일 훨씬 전에 독일 사회민주당——내가 말하는 이들은 '수정주의자'나 정당의 의원, 노동조합주의자들이 아니라 부분적으로 매우 급진적인 생각을 가진 정당 *관리*들이다——과 오랜 시간 함께 일할 기회를 가졌던 사람이라면 깊이 있는 토론 끝에, 독일의 특수한 국제 상황 때문에 입헌 군주제가 '본래' 독일에 가장 적합한 국가 형태라고 주장할 수 있었다. 우리는 이제 아주 잠깐 러시아를 돌아볼 필요가 있다. 자유주의적 정치가들이 고대했던 *의회* 군주제로의 이행이, 한편으로는 왕실을 유지하고 다른 한편으로는 노골적인 관료제 지배를 극복해, 결과적으로, 이 같은 *문인* '공화국'이 현재 그 지도자의 모든 주관적 이상주의에도 불구하고 러시아의 약화를 초래했던 것만큼 러시아를 강화시킨다는 사실을 보기 위해서다.[15] 영국 의회주의가 강력한 것은 두말할 것 없이 의회가 국가 내에서 형식상 가장 높은 지위를 차지하고 있기 때문이다. 군주가 형식상의 존재로서 이와 같이 기능하는 것이 무엇에 근거하는가에 대해서는 여기서 토론하지 않을 것이다. 마찬가지로 군주만이 형식상의 존재로서 이런 기능을 필연적으로 직접 행할 수 있는지에 관해서도 토론하지 않을 것이다. 우리는 적어도 독일에서의 군주의 지위를 고려해보아야만 한다. 우리는 왕위 요구자들의 전쟁과 반혁명의 구시대를 갈망할 수는 없다. 그만큼 독일의 존재는 국제적으로 위협받고 있다.

그러나 군주 그 자체가 현대 국가의 조건에서 *전문 관료*의 모든 포괄적 권력에 대한 균형 추이자 통제 수단으로 작동한 적은 한 번도 없었고, 또한 어느 국가에서도 그렇게 작동한

적이 없다. 또 군주 그 자체가 균형 추이자 통제 수단으로 존재할 수도 없다. 군주는 행정을 결코 통제할 수 없다. 군주는 기껏해야 군 영역을 제외하고는 결코 전문가가 될 수 없다. 그러나 무엇보다 우리의 관심을 끄는 것은, 군주 그 자체는 정당 투쟁과 외교 영역에서 훈련을 받은 *정치가가* 결코 아니라는 점이다. 군주는 정당 간의 투쟁에서 결코 왕관을 획득하지 못하며, 권력 투쟁은 정치가에게는 자연스러운 활력소가 되지만 군주에게는 그렇지 않다. 군주는 정치 영역에 스스로 내려감으로써 투쟁의 조건을 배우기보다는 오히려 자신의 특권을 이용해 무자비한 투쟁에서 멀어진다. 그들 가운데 *타고난* 정치가가 있기는 하지만 극히 드물다. 그러나 타고난 정치가가 아닌 군주는 자신은 물론이고 국가의 이익을 큰 위험에 빠뜨릴 수 있다. 차르가 그랬던 것처럼, 타고난 정치가가 아닌 군주가 '스스로 통치하려 하거나' 연설과 글이라는 정치적 수단으로, 넓은 의미에서 '민중 선동'을 통해 영향력을 발휘함으로써, 자신의 생각과 인품을 세상에 알리려는 경우에 그렇게 된다. 그는 자신의 왕관——이것은 그의 개인적인 부분이다——뿐만 아니라 국가의 존립 자체를 위협한다. 독일에서 수십 년 동안 그랬던 것처럼, 국가 내에서 군주가 *관리를* 제외한 어느 *누구와도* 대면하지 *못하며* 의회가 무기력하다면 현대의 군주는 필연적으로 항상 다시 이런 유혹에 빠져든다. 기술적인 측면에서 보아도 이미 군주는 심각한 단점을 갖고 있다.

　오늘날 군주 곁에 강력한 의회가 없다면 군주는 관리의 관직 수행을 통제하기 위해 또 *다른 관리*의 보고에 의지해야만 한다. 이것은 악순환이다. 예를 들어 러시아에서 가장 전형적이었으며 독일에서도 현재까지 진행 중인 다양한 관직들 상호 간의 지속적인 투쟁은 주도적인 *정치가*가 없는 이른바 '군주제' 정부의 당연한 결과이다. 이러한 관직 투쟁에서는 우선 의견상의 대립뿐만 아니라 개인적인 대립도 중요하다. 다만 관직 투쟁이 관직이라는 자리와 연관된다면, 리더 입장에서 이 투쟁은 장관 자리를 둘러싼 경쟁의 수단이다. 누가 현직을 차지할 것인지 결정하는 것은 실질적인 근거나 정치적 지도자의 자질이 아니라 궁정의 음모이다. 의회제 국가가 *개인적* 권력 투쟁으로 가득 차 있다는 것은 다 아는 사실이다. 군주국들이 이와는 다를 것이라고 믿는 것은 잘못이다. 사실 군주국들은 또 다른 문제도 안고 있다. 군주는 스스로 통치하고 있다고 믿고 있으나, 사실상 관료는 군주의 배후에서 통제도 *받지 않고* 책임도 *지지 않으면서* 행동할 수 있는 특권을 향유하고 있다. 군주는 통치하는 장관의 인물을 선호도에 따라 바꿀 수 있기 때문에 그에게는 입에 발린 말이 따라다니며, 권력에 관한 *낭만적 허상*이 나타난다.

　그러나 에드워드 7세[16]와 레오폴트 2세[17]와 같은 군주를 보라. 그들은 확실히 이상적인 인물들이 아니었음에도 불구하고 *엄청난 실질적* 권력을 소유했다. 그들은 엄격한 의회제 형태로 통치를 하고, 이러한 형태 이외에는 어디에서도 공적으로 나서지 않았기 때문이다. 요즈음 문필가의 글들이 그러한 군주들을 '허수아비 왕'으로 몰아세운다면, 이는 무지한 것이다. 또한 그 글들이 속물들의 도덕적 잡담을 정치적 판단의 척도로 여긴다면 이는 어리석은 일일 것이다. 이 두 군주의 업적이, 그토록 많은 다른 위대한 정치 프로젝트와 마찬가지로 실패한다 할지라도 세계사는 다르게 판단할 것이다. 궁정 관리를 당연히 정당의 비율에 따라 교체했던 에드워드 7세는 세계적인 연합을 이끌어냈다. 또한 작은 국가를 통치했던 레오폴트 2세는 거대한 식민지를 결합시켰다(우리의 식민지가 각기 떨어져 있는 것과 비교해보라). 군주든 장관이든 정치적으로 *지도하고* 싶은 자는 현대적인 권력 도구를 다루는 법을 알아야 한다. 의회 제도는 정치적인 면에서 *천부적 자질이 없는* 군주만을 제거한다──국가 권력의 이익을 위하여! 이것이 인구가 적음에도 모든 대륙에서 가장 중요한 부분들을 자기 나라에 병합시킨 '야경 국가'가 아닌가? 알다시피 '신하'의 반감을 아주 강하게 맛본 이와 같은 진부한 상투어는 얼마나 속물적인 잔소리인가!

이제 의회에 대해 이야기해보자.

현대 의회는 우선 관료제라는 수단에 지배받는 *피지배자*들의 대표 단체이다. 물론, 사회적으로 중요한 어떤 계층의 최소한의 내적 동의는 모든 지배가, 심지어 가장 잘 조직화된 지배까지도 지속되기 위한 전제 조건이다. 공적 권력이 어떤 행동을 하기 위해서는 의회와 사전 협의를 거친 법 제정이 의무적이며, 무엇보다 예산안이 필수적이다. 신분차등법이 생겨난 후 지금까지 국가의 자금 조달 방식, 즉 예산권에 대한 처분은 의회의 결정적인 권력 수단이었다. 물론 의회가 정부 지출과 법령의 승인을 거부함으로써, 또는 별 의미가 없는 발의를 함으로써 행정에 대한 국민의 불만을 강력하게 피력하기만 한다면 이것은 정치적 지배에 대한 적극적 참여가 아니다. 의회는 '소극적 정치'만을 할 수 있으며, 적대적 권력과도 같은 행정 지도자들과 대립해 있을 뿐이다. 따라서 의회는 행정 지도자들에게서 꼭 필요한 최소한의 정보만을 얻을 뿐이며, 단지 제동 장치로서, 즉 무능한 불평꾼들과 잘난 체하는 자들의 모임으로 평가받게 될 것이다. 한편 관료제는 의회와 유권자에게는 엽관[18] 운동가와 심복의 카스트로 나타나는데, 이들 엽관 운동가와 심복은 인민을 부담스럽고 불필요한 활동의 대상으로 취급할 뿐이다.

의회가 다음과 같은 것을 관철시키면 상황은 달라진다. 행정 지도자는 의회에서 곧장 충원되든지(본래의 의미에서의 '*의회 제도*'), 명백하게 표현된 다수의 신뢰를 얻거나 최소한 불신을 피해야만 행정 지도자가 관직에 남아 있을 수 있다는 것(*의회*를 통한 지도자 *선출*), 행정 지도자는 이러한 근거에서 철저하게 자신의 행동을 해명하고 의회와 그 위원회의 심사를 받아야 한다는 것(지도자의 *의회에 대한 책임성*), 행정은 의회에서 선택된 노선을 따라야 한다는 것(*행정에 대한 의회의 통제*) 등이 관철되는 경우이다. 이 경우 의회의 지배 정당 지도자는 필연적으로 국가 행정의 적극적인 공동 참여자이다. 이때 의회는 적극적 정치의 한 요소가 된다. 물론 군주가 적극적 정치의 한 요소라는 것도 부정되지 않는다. 왜냐하면 군주의 정치적 명민함과 목적 의식에 따라 크게 다르기는 하지만, 군주는 형식적 왕권에 의해서가 아니라 모든 상황에서 매우 강한 영향력을 가지고 정치에 참여하기 때문이다. 이러한 경우 그 명칭이 옳건 그르건 간에, 이것이 바로 '인민 국가Volksstaat'이다. 반면 지배적인 관료제에 대해 소극적 정치를 펼칠 수 있는 피지배자의 의회는 바로 '관헌 국가Obrigkeitsstaat'를 의미한다. 우리는 여기서 의회 지위의 *실제적 의미*에 관심을 둘 것이다.

의회 정치를 증오할 수도 있고 사랑할 수도 있지만, 제거할 수는 *없다*. 비스마르크가 제국 의회[19]를 무력하게 만들었던 것처럼, 의회 정치를 무기력하게 만들 수 있을 뿐이다. 그러나 의회의 권력 상실은 '소극적 정치'라는 일반적 결론 외에도 다음과 같은 현상으로 나타난다. 의회의 모든 투쟁은 당연히 실질적인 이슈의 대립일 뿐만 아니라 개별 권력의 투쟁이기도 하다. 의회의 권력 지위가 강력해 군주가 대체로 다수 대표에게 정치의 지배를 일임하는 국가에서 정당 간의 권력 투쟁은 가장 높은 *정치적* 지위의 달성을 목적으로 한다. 상당한 정치 권력 본능과 걸출한 정치 지도자의 자질을 갖춘 사람들이 있게 마련이고, 이들은 이길 때까지 권력 투쟁을 벌이고서 최고 지위에 도달할 기회를 갖게 된다. 왜냐하면 국가 내에서의 정당의 생존, 그리고 이념적으로나 일정 부분 물질적으로 관심을 갖고 있는 수많은 모든 이해 관계자는 *지도자적* 자질로 무장한 인물이 정점에 오를 것을 요구하기 때문이다. 단지 그러한 때에만 정치적 기질과 자질을 갖춘 인물이 이러한 경쟁 투쟁의 엘리트를 떠맡게 된다.

'군주제 정부'라는 꼬리표에서, *관료가 승진해* 국가의 최고 위직을 차지한다든지 또는 궁정에서 우연히 알게 된 자가 마찬가지로 최고위직을 차지한다면, 그리고 무기력한 의회가 이러한 정부 구성 방식을 받아들인다면 모든 상황은 전적으로 달라진다. 또한 의회제 투쟁의 내부에서는 당연히 실질적인 이슈 이외에 개인적인 권력에 대한 공명심이 영향을 미치게 된다.

그러나 하위직 형태와 방향에서는 전적으로 달라진다. 1890년 이후 독일에서 추구되었던 방향을 보면 알 수 있다. 영향력 있는 유권자들의 지역 경제의 사적인 이해 관계를 대변하는 것 외에 *미관말직* 하위 *정실* 인사가 정당의 주요 관심사가 되었다. 제국 수상 뷜로브Alfred von Bülow[20]와 중앙당의 갈등은 실질적인 의견 대립에서 발생한 것이 아니었다. 본질적으로 그것은 중앙당으로부터 모든 관직 정실 인사를 박탈하려는 당시 수상의 시도에서 비롯되었으며, 이 시도는 오늘날까지도 수많은 국가 관청의 인적 구성에 현저하게 영향을 미치고 있다. 보수당은 프로이센에서 관직 독점권을 갖고 있었으며, 이러한 특혜가 사라질 것 같으면 '혁명'이라는 유령으로 군주를 위협하려 들었다. 그러나 중앙당에 의해 국가 관직으로부터 지속적으로 배제당한 정당들은 도시 행정과 의료 행정에서 보상을 얻고자 했으며, 과거 사회민주당처럼 의회 내에서 국가에 적대적이거나 이질적인 정책을 추진했다. 이는 당연하다. 모든 정당은 권력 그 자체, 즉 행정 참여와 관직 임용에 영향을 미치기를 갈구하기 때문이다. 독일의 지배 계층은 다른 모든 국가의 지배층과 마찬가지로 이러한 성격을 갖고 있다. 차이가 있다면, 관직 사냥과 정실 인사가 무대 뒤에서 행해지고, 개인적인 일에 전혀 *책임*을 지지 않는 하위직에까지 영향을 미치고 있기 때문에, 독일의 지배 계층은 그에 대한 책임감이 없다는 것이다. 독일의 관료는 통제도 받지 않은 채 권력을 행사하며, 그 대가로 지배 정당에게 미관말직 정실 인사권을 필수 사례비로 제공한다. 이것은 의회 내에서 다수를 형성하는 정당(또는 정당 연합)이 정부에 반대하거나 찬성할 경우 책임져야 할 *가장* 높은 정치적 지위에 공식적으로 임명되지 못할 때 나타나는 자명한 결과이다.

한편, 이러한 제도에서는 관리로서 필요한 자질은 갖추고 있지만 *정치가로서의 타고난 재능은 전혀 없는* 사람들이, 비슷한 유형의 다른 인물을 임명하려는 모종의 음모로 인해 오랫동안 전면에서 사라지기 전까지 상당 기간 주도적인 정치적 지위를 차지할 수 있다. 따라서 우리 독일에도 다른 국가들처럼 정당 정치적 정실 인사가 존재한다. 단, 이것은 부정직하게 은폐된 형태로 존재하며, 무엇보다도 '궁궐 출입 자격을 갖춘' 것으로 여겨지는 특정 정당의 견해를 위해 끊임없이 활동할 뿐이다. 그러나 이런 편파성이 가장 나쁜 면은 아니다. 국가를 이끌 정치적 자질을 갖춘 지도자가 모든 '궁궐 출입 자격을 갖춘' 정당에서 적합한 지위에 오를 수만 있다면, 그래도 이 제도는 정치적으로 용인할 만하다. 그러나 현실은 그렇지 않다. 이것은 의회 제도 또는 최소한 의회에 의한 관직 정실 인사가 지도자의 직위를 위해 존재할 때에만 가능하다. 우리는 이제 제국 헌법에 내재된 순수하게 형식적인 장애물을 다룰 것이다.

제국 헌법 9조[21]의 마지막 문장은 다음과 같다. "어느 누구도 *참의원*[22]과 *제국 의회* 의원을 겸직할 수 없다." 의회제 국가에서 주도적인 고위 정치인들은 필수적으로 의회의 구성원이지만 독일에서는 법적으로 불가능하다. 제국 수상이나 상원에서 전권을 부여받은 각 주 장관이나 제국 차관은 각

주 의회, 예를 들면 프로이센 주 의회의 의원일 수 있으며, 또한 그곳에서 정당에 영향을 미치거나 정당을 이끌 수 있다. 하지만 하원의 의원은 될 수 없다. 이 규정은 영국 상원 의원이 하원에서 배제되는 것을 기계적으로 모방(프로이센 헌법의 매개로)한 것이고, 사려 깊게 생각하지 못한 결과이다. 이 규정은 폐지되어야 한다. 이 폐지는 의회 제도 또는 의회에 의한 관직 정실 인사의 도입을 의미하는 것이 아니라, 정치적 능력이 있는 의원이 동시에 제국 정부에서 주도적인 지위를 차지할 수 있게 된다는 *가능성*을 의미한다. 제국에서 최고 지위를 차지할 능력이 있는 의원이 그 지위를 차지하기 위해서는 이전의 정치적 지반을 박탈당해야 한다니 이해할 수 없는 일이다.

베니히젠Rudolf von Bennigsen[23]이 당시 정부에 입각해 제국 의회를 떠났다면 비스마르크는 중요한 정치 *지도자* 한 사람을 의회에 근거가 없는 행정 *관리*로 만들어버렸을 것이고, 좌파가 그 정당의 주도권을 장악하거나 정당이 해체되었을 것이다── 이것이 아마도 비스마르크의 의도였을 것이다. 현재 시퍼Eugen Schiffer[24] 의원은 정부에 입각함으로써 정당에 대한 영향력을 상실했으며, 그 결과 중공업파가 정당을 장악했다. 이런 식으로 정당들의 '머리가 베어졌으며', 정부는 필요한 정치가 대신, 관직에 대한 전문 지식이 없으며 의회의 동료 의원들에게 영향력이 없는 전문 관리를 얻게 된다. 그리고 의회에 적용될 수 있는 가장 야비한 형태의 사례비 제도를 키우게 된다. 의회는 재능을 갖춘 국가 관리 후보자를 위한 수단으로 전락한다.

독일 의회주의의 문제를 독특한 '독일적' 방식으로 해결하고자 하는 정치 전문 문필가와 법 전문 문필가들은 이와 같은 전형적인 관료제적 생각을 옹호한다. 이른바 '서유럽적이며' 독특한 이 '민주주의적' 관직 사냥을 경멸하는 자들도 바로 이들 집단이다. 이들 집단은, 의회 지도자는 수입과 서열에 도움이 되는 관직을 추구하는 것이 아니라 정치적 책임을 지는 권력을 추구한다는 것, 의회 지도자가 의회의 동료 의원들에게 뿌리를 내리고 있을 때에만 그렇게 할 수 있다는 것, 의회를 지도자의 충원 장소로 만드는 것과 관직 추구의 자리로 만드는 것은 서로 다르다는 것을 결코 이해하지 못할 것이다. 이들은 수십 년 동안 독일 의회와 정당들이 정부 안에서 일종의 천적을 보았다는 것을 비웃었다. 그러나 제국 의회에만 반대하는 9조 2항에 의해 참의원과 제국 의회가 서로 적대적인 권력, 즉 참의원의 연단과 제국 의회의 회의가 서로 접촉할 때만 커질 수 있는 적대적 권력이라는 사실도 최소한 이들의 생각을 바꿀 수 없었다.

주도적인 정치가가 국회의원직, 정당의 지배, 또는 그 안에서의 행위와 자신의 관직을 일치시킬 것인지의 여부, 그리고 그가 참의원에서 동의했던 훈령과 제국 의회에서 대변했던 자신의 신념을 일치시킬 것인지의 여부는 정치인, 그에게 전권을 부여한 정부, 그리고 유권자의 양심적 고려에 맡겨진다.[25] '주도적인' 정치가, 특히 제국 내 '대통령 선거'에서 훈령에 대한 책임을 떠맡았던 사람, 제국 수상, 프로이센의 외무 장관에게는 다른 주의 대표자들의 통제를 받으면서 의장으로서 참의회를 지도하고, 동시에 선거를 이끄는 정당의 동료 의원으로서 제국 의회에 영향을 줄 수 있는 가능성이 열려 있다. 오늘날 정치가가 정당에서 멀리 떨어져 있다면, 그것은 물론 '고상한' 것으로 간주된다. 포자도프스키Posadowsky 경조차, 어떤 정당에도 가입하지 않을 수 있었던 것, 즉 제국 의회에서 영향력 없는 학문적 낭독에 능한 사람으로 자처하며 제국 의회를 이용할 수 있었던 것은 초기 관직 덕분이라고 믿고 있다. 영향력이 없다는 것, 이것은 의회 내에서의 업무 수행 방식 때문인가?

오늘날 의원의 연설은 더 이상 개인적인 의사가 아니며, 적대자를 자신의 편으로 끌어들이기 위한 것은 더욱 아니다. 오히려 의원의 연설은 '창 밖으로' 전국에 전달되는 정당의 공적인 해명이다. 제국 의회 내의 논쟁은 모든 정당의 대표들이 한두 번 연설한 후에 끝나게 된다. 연설들은 행해지기 전에 코커스에 제출되거나, 모든 기본적인 요점이 코커스에서 조율된다. 마찬가지로 누가 정당을 위해 연설할 것인지도 코커스가 미리 결정한다. 관료제가 모든 문제에 대해 해당 전문가를 두고 있듯이, 모든 정당들도 개별 문제에 대한 특수 전문가를 갖고 있게 마련이다. 정당에는 일별 외에도, 조심해서 사용하기만 한다면 표현하는 목적에 유용한 화려한 연설가, 즉 수별도 당연히 있게 마련이다. 그러나 예외 없이 '일하는 사람이 영향력을 갖는다'는 명제가 전적으로 타당하다.

그러나 이러한 활동은 배후에서, 즉 위원회와 코커스 회의에서, 무엇보다도 실제로 날카롭게 일하는 동료 의원의 개인 사무실에서 이루어진다. 예를 들면 리히터는 당 내에서 특별히 인기가 없음에도 불구하고 난공불락의 권력을 유지하고 있었는데, 이는 그의 엄청난 활동 능력, 특히 예산에 대한 무한한 지식 때문이었다. 그는 마지막 구내 매점에 이르기까지 한 푼을 두고서 국방부 장관에게 따질 수 있었던 최후의 의원이었다. 이 점에 대해서는 국방부 직원들조차 불쾌해하면서도 종종 놀랍다고 나에게 말했다. 현재 중앙당 내에서 에르츠베르거Matthias Erzberger[26]의 지위도 벌과 같은 근면함에 의지하고 있다. 정치적 재능이 거의 없었던 그는, 이와 같은 근면함이 없었다면 정치가로서의 영향력을 얻지 못했을 것이다.

그러나 근면함을 갖췄다고 해서 정당 지도자의 자질이나 정부 지배자의 자질을 전부 지닌 것은 아니다. 독일의 낭만적 문필가들이 믿었던 것처럼, 양자는 본질적으로 크게 다르지 않다. 내가 알기로, 이전에 독일의 모든 정당에는 완전한 정치 지도자의 자격을 갖춘 인물들이 있었다. 베니히젠, 미크벨Miquel, 슈타우펜베르크Stauffenberg, 푈크Völk 등과 같은 민족 자유주의자들, 말린크로트Mallinckrodt, 빈트호르스트Windhorst 같은 중앙당 인물들, 베투지후크Bethusy-Huc, 미니게로데Minnigerode, 만토이펠Manteuffel 같은 보수주의자들, 자우켄타르푸첸Saucken-Tarputschen 같은 진보주의자, 폴마르Vollmar 같은 사회민주주의자는 타고난 정치적 자질을 갖춘 지도자들이다. 그들은 모두 명멸해버리거나 1880년대의 베니히젠처럼 의회를 떠났다. 어느 누구도 정당 지도자로서 정부에 입각하지 못했기 때문이다. 미크벨과 묄러Möller[27] 같은 의원이 장관이 된다면, 우선 그들은 순수한 관리형 장관에 적응하기 위해 정치적 신념을 포기해야만 한다.

그러나 현재 독일에는 *타고난 정치 지도자*가 있으며, 그 수 또한 적지 않다. 그렇다면 그들은 어디에 있는가? 앞에서 언급한 것을 따른다면 답은 쉽다. 정치적 관점과 사회 개혁에 대한 자세에 있어 나와는 완전히 다른 한 사람의 예를 들어보자. 크루프사[28]의 현재 지도자, 초기 동부 독일 정치가이자 국가 관료인 사람이 영향력 있는 각료와 유력한 의회 정당보다는 독일의 거대 산업 기업을 이끌도록 운명지어져 있다는 것을 누가 믿겠는가?[29] 그는 왜 기업의 일을 하며, 현재의 조건에서 정당의 일을 하지 않는가? 더 많은 돈을 벌기 위해서인가? 아니다. 오히려 아주 단순한 근거에서 그 이유를 추론할 수 있다. 독일 내에서 강한 정치적 본능과 그에 걸맞은 자질을 갖춘 사람은 국가의 정치적 구조, 즉 전적으로 의회의 무능력과 그에 연관된 장관 지위의 순수 관료제적 성격의 결과로 인해, 이와 같이 비참한 동료들의 톱니바퀴 속으로, 그리고 능숙한 궁정의 음모 위에서 사라지기 위해 바보가 되어야 했기 때문이다. 특히 그가 거대 기업, 카르텔, 은행, 대규모 도매상을 차릴 수 있을 만한 능력과 의지를 갖고 있는 경우에는 더욱 그렇다. 그로서는 모든 독일 신문에 재정을 지원하고 문필가들의 악담에 자신을 내맡기는 쪽을 선호한다. 모든 비판에서 자유로웠던 우리의 이른바 '군주제 정부'가 실제로 선택했던 소극적 충원으로 인해, 국가 전체를 이끌 만한 지도자의 자질은 사적 자본주의 이익에 봉사하게 되었다. 오직 사적 자본주의 영역에서만 자질을 갖춘 지도자의 충원과 같은 일이 가능해졌다. 왜 그런가? 수백만 마르크와 수십만 노동자의 경제적 이익이 달려 있는 경제 영역에서 안락함이란 있을 수 없기 때문이다. 그렇다면 왜 정부에서는 그런 충원이 발생하지 않는가?

비스마르크의 최악의 유산 가운데 하나가 바로, 그가 자신의 카이사르적cäsaristisch 정권을 군주의 정통성으로 은폐하는 것이 유용하다고 생각한 것이기 때문이다. 그의 후계자들은 독재자가 아니라 건전한 관료들이었음에도 불구하고 비스마르크를 충실하게 모방했다. 정치적으로 교육받지 못한 국민들은 비스마르크의 모든 상투어를 액면 그대로 받아들인 반면, 문필가들은 과거처럼 박수 갈채를 보냈다. 그들은 미래의 관리들을 심사했으며, 자신들을 관리이자 관리들의 아버지로 여겼다. 그들은 자격 시험을 통한 정당성 이외에 다른 방법으로 권력을 획득하려 하거나 획득한 사람들에 대해 분노했다. 비스마르크 치하에서는 공적인 일, 특히 외교 정책에 누구도 관심을 가질 수 없기 때문에, 국민들은 결국 순수한 관료 지배의 통제 불가능성을 의미하는 '군주제 정부'와 같은 어떤 것을 감언이설에 속아 받아들이게 된다. 그러한 정부에서 관료가 그대로 존재한다면 정치적 자질을 갖춘 지도자는 세계 어디에서도 나타날 수 없으며, 정상에 오르지도 못한다.

우리의 관료제에는 지도자의 자질을 갖춘 사람들이 없지 않다. 여기서 이러한 사실을 부정하려는 것은 아니다. 그러나 관직 히에라르키의 관례와 내적 특수성이 있다고 해서 이러한 관료 지도자들이 승진할 수 없는 것은 아니며, 현대 관료 행정의 본질은 정치적 독립의 발전(물론 순수한 개인적 인물의 내적인 독립과는 구분된다)에 매우 적대적이다. 그러나 앞에서 강조했듯이, 모든 정치의 본질은 투쟁이자, 동맹자와 자유 의지적인 추종자의 획득이다. 그렇다면 관헌 국가의 관리라고 해서 이같이 어려운 기술을 획득하기는 쉽지 않다.

알다시피 비스마르크는 프랑크푸르트 주 의회에서 이러한 학습을 받았다. 군대에서도 훈련은 전투를 위한 것이고 군 지도자도 여기서 태어난다. 그러나 현대 정치가에게 국가 내 의회에서의 그리고 정당을 위한 투쟁은 주어진 투기 연습장으로서, 다른 어떤 것도―― 적어도 승진을 둘러싼 경쟁에 있어서――이것을 대체할 수 없다. 물론 그 지도자가 국가 내 *권력*을 획득한 것은 의회 내에서이며 정당을 위해서였다.

세계 모든 국가에서 정당은 기껏해야 그들 유권자의 이익에 부응하도록 몇몇 예산 항목을 조정할 뿐이며, 정당 보스의 몇몇 심복에게 작은 관직을 제공할 뿐인데도, 왜 그런 정당이 *지도자* 자질을 갖춘 사람을 끌어당기는가? 정당은 그들이 그 자질을 발전시키는 데 어떤 기회를 제공하고 있는가? 우리 의회의 소극적 정치 태도는 제국 의회와 정당의 가장 세세한 강령과 관습에서도 그대로 나타난다. 모든 길드에 나타났던 현상처럼, 정당 내부에서 *지도자* 자질을 갖춘 청년 인재들이 공로가 많은 나이 든 지역 보스와 정당 보스에게 명백하게 억압받고 있는 예가 적잖게 있다. 이것은 소극적인 정치를 하고 있는 권력 *상실형*의 의회에서는 자명한 일이다. 왜냐하면 이런 곳에서는 길드적 본능만이 지배하기 때문이다. 이와 반대로 국가의 *권력*을 차지하고 이에 대해 *책임지는* 것을 목적으로 하는 정당에서는 이와 같은 현상이 결코 발생하지 않는다. 왜냐하면, 정당 구성원들이 다 알고 있다시피, 정당의 존속, 그리고 그들을 정당에 가입하게 만드는 다양한 이익의 보장은 지도자의 자질을 갖춘 자에게 복종하도록 하기 때문이다. 다양한 인물로 구성된 의회의 회의 자체는 통치를 할 수도 정치를 할 수도 없다. 의회가 통치를 한다거나 정치를 한다는 말은 세계 어디에도 없고, 심지어 영국에도 없다. 전체적으로 의원들은 내각을 구성하는 지도자나 소수의 *지도자를 추종할 뿐이며*, 그 지도자가 정권을 장악하는 *한에서* 지도자에게 맹목적으로 복종할 뿐이다. *그렇게 존재할 뿐이다.* '소수자의 원리', 즉 소수 지배 집단이 우월한 위치에서 정치를 조작한다는 원리가 끊임없이 정치 행위를 지배한다. 이러한 '카이사르적' 특징은 (거대 국가에서도) 여전히 제거되지 못한다.

그러나 또한 이러한 카이사르적 특징은, 다수가 통치하는 의회 내에 매우 광범위하게 퍼져 있는 대중에 대한 *책임이* 특정한 인물에 의지한다는 것을 보증한다. (그러나 또한 이러한 카이사르적 특징이 없다면, 특정 인물이 다수가 통치하는 의회에 퍼져 있는 대중에 대한 책임을 전적으로 떠맡겠는가?) 이것은 민주주의 자체 내에서도 드러난다. 인민 선거에 의해 임명된 관리는 지금까지의 경험에 따르면 두 가지 경우로, 첫째, 지역 칸톤의 경우로서, 여기서는 토착 주민들이 서로 개인적으로 잘 알고 있으며, 또한 인접 지역 사회에서의 평판이 선거를 결정할 수 있다. 둘째, *거대 국가에 있어서* 한 국가의 *가장* 높은 정치적 대표를 선출할 때 몇 가지 중요한 유보가 있는 경우이다. 가장 뛰어난 지도자가 최고 권력을 차지하는 경우는 드물지만, 평균적으로 적합한 정치 지도자가 최고 권력을 차지한다.

이와 반대로 거대 국가에서 무엇보다 전문 훈련이 요구되는 중간 관리의 경우, 국민 선거 제도는 완전히 그리고 납득할 만한 이유로 실패했다. 미국에서 대통령에 의해 임명된 재판관은 국민에 의해 선출된 재판관보다 능력과 성실성이 매우 뛰어나다. 임명된 관리에게는 관리의 자질을 책임지는 지도자가 항상 있으며, 또한 지배 정당은 작은 실책이라도 범할 경우 후일 그로 인해 고통을 받게 되기 때문이다. 미국에서 거대 도시가 평등 선거권을 전적으로 채택하자 시장은 국민 선거에 의해 시민 대표로 선출되었으며, 그 시장은 독자적인 행정 장치를 얻게 되는 확대된 자유를 갖게 되었다. 영국의 의회 지배도 이와 같은 카이사르적 길의 발전으로 적잖게 기울어졌다. 수상은, 비록 의회 출신이기는 하지만 의회를 압도하는 지위를 차지하게 되었다.

다른 모든 인간 조직과 마찬가지로 정당에 의한 정치 지도자의 선출 또한 약점을 갖고 있게 마련이다. 그런데도 독일의 문필가들은 지난 몇십 년 동안 지칠 줄 모르고 이 약점을 유포시켰다. 의회 제도는 개개인이 그가 '작은 악'으로 받아들일 만한 지도자에게 복종할 것을 기대한다. 그러나 관헌 국가는 개인에게 *어떤 선택권*도 허락하지 않으며, *지도자* 대신 고위직 *관리*를 제시할 뿐이다. 나아가 다른 나라와 마찬가지로 독일에서도 '금권 정치'가 만연하는 것에는 그럴 만한 이유가 있다. 또한 문필가들에 의해 지나치게 어둡게 채색되고 전문 지식 없이 묘사된 거대 자본가 권력, 즉 자신의 이익에 대해서는 이론가들보다 훨씬 더 정통해 있는 거대 자본가의 권력과 무분별성에는, 다시 말해 거대 산업가들이 *만장일치로 민주주의와 의회주의를 반대하고 관료제적* 관헌 국가를 찬성하는 데는 나름대로 이유가 있다.

단, 문필가적 속물들의 시각으로는 이러한 이유를 알 수 없다. 대신 이들은 가장 편협한 도덕주의와 더불어, *권력에의 의지*가 의회 지도자의 동력이며 관직에 대한 이기적 열망이 의회 지도자의 수행 동력이라는 자명한 사실을 강조했을 뿐이다. 이는 관료제적 관직 지원자에게 혼을 불어넣는 것이 출세주의적 행동이나 봉급에 대한 갈망이 아니라 전적으로 희생적인 동기라고 보는 것과 마찬가지가 아닌가! 그리고 '선동가'가 권력 획득에 참여하는 것과 관련해 다음과 같은 예가 있다. 당시 독일 외무 장관의 지위를 누가 차지할 것인가와 관련해 *어떤 관직 지위에 있는 사람이 그가 특별히 도와주었던* 신문을 통해 선동적 여론을 환기하는 과정이 있었다. 여기에서 이른바 '군주제' 정부가 관직 영달주의와 관직 추구를 위해 부패하기 쉬운 신문을 이용하고 있음을 알 수 있다.[30] 강력한 정당을 갖춘 의회제 국가에서는 이와 같은 사태가 결코 발생하지 않는다.

한 정당 내부에서 개인적 태도의 동기는, 관직 서열에 있어서의 일반적으로 속물적인 승진과 봉급의 이익과 마찬가지로 그다지 이상적이지 않다. 다른 모든 곳에서와 마찬가지로 개인의 이익이 중요하다(이것은 문필가들이 그렇게 많이 언급한 미래의 '연대동업조합'에서도 마찬가지일 것이다). 일반적으로 인간적인, 종종 너무나 인간적인 이러한 이익이 지도자의 자질을 갖춘 자의 *선출*을 적어도 방해하지 않도록 *하는 것이* 무엇보다 중요하다. 그러나 한 정당 내에서 이것은 그 지도자가 국가의 *권력*을 차지하고 *책임*을 떠맡는 경우에만 *가능하다.* 이것은 단지 그러한 경우에만 가능하다. 그러나 그렇다고 해서 이것이 전적으로 보장되는 것은 아니다.

말뿐인 의회가 아니라 일하는 의회가 선동적인 자질이 아닌 적절한 *정치적* 지도자의 자질에 근거해 성장하고 선출될 수 있는 장이 된다. 그러나 일하는 의회는 행정을 *지속적으로 통제하는* 그러한 의회이다. 전쟁[31] 전에 우리 독일에는 그러한 의회가 없었다. 그러나 앞으로 우리의 의회가 그러한 목적에 맞도록 환골탈태하지 않는다면 우리는 다시 비참함을 맛보게 될 것이다. 이제 그것에 관해 말해보겠다.

제2장

행정의 공개성과
정치 지도자 선출

오늘날 독일 정치의 전체적인 구조는 오로지 소극적 *정치*를 지향하고 있어서, 정부의 제안에 대해 비판, 불평, 협의, 수정, 통과 같은 행동을 취할 뿐이다. 의회의 모든 관례가 이 같은 조건에 상응한다. 관심의 부재로 인해 외국 의회의 연구에서 나타나는 것과 같은, 제국 의회의 현실적 현상에 관한 정치적 분석은 거의 없고, 국회법에 관한 법률적 연구만 있을 뿐이다. 그러나 이런 연구를 시도하고, 절실하게 요구되는 제국 의회의 내부 조직과 그 업무 과정에 관해 국회의원과 논의할라치면 곧장 온갖 종류의 관습적 관례와 이유에 부딪히게 된다. 그 관례와 이유란 다만 닳고 닳은 의회 명사들의 편의, 허영, 욕구, 편견에 따라 만들어진 것이며, 의회의 모든 정치적 행위를 가로막는 걸림돌이다. 그래서 효과적인 지속적 행정 통제라는 임무마저 수행할 수 없게 된다. 이러한 통제는 불필요한 것인가?

관직과 연관되며, 분명하게 정해진 *전문적* 업무에 있어서 의무감, 전문성 그리고 조직과 관련된 문제의 처리 능력을 입증해야 하는 분야에서는 관료제가 일반적으로 매우 우수한 것으로 입증되었다. 관리 집안 출신인 자는 이러한 매끄러운 간판에 먹칠을 하는 아주 상스러운 놈이 될 것이다. 우리는 여기서 '관료제'의 성과가 아니라 *정치적* 성과를 다루고자 한다. 그러면 관료제는 정치적 문제를 다룰 때면 항상 *완전히 실패했다*는 것, 즉 진리를 사랑하는 사람이라면 다 알고 있는 사실이 드러난다. 이것은 결코 우연이 아니다. 하나의 동일한 정치 기구가 내적으로 전혀 다른 이질적 능력을 동시에 갖고 있다면, 이것은 반대로 매우 놀라운 일이다. 앞에서 언급했듯이 고유한 신념에 따라 함께 싸우려고 정치 투쟁에 개입해 들어가고, 이러한 의미에서 항상 투쟁을 의미하는 '정치를 한다는 것은' 결코 *관리의 일이 아니다.*

이와 반대로 관리의 자부심은, 일반적 규정과 특수한 지시가 그의 정치적 신념에 부합하지 않는다 할지라도, 이 규정과 지시를 자신의 양심에 맞는다는 듯이, 그리고 슬기롭게 수행하기 위해 공평성을 지키고 자신의 경향성과 의견을 버리는 데 있다. 관리에게 의무를 부과하는 관료제의 수장은 이와 반대로, 당연히 지속적으로 권력 정치적이며 문화 정치적인 문제를 해결해야 한다. 의회의 첫 번째 기본 임무는 그 안에서 관료제의 수장들을 통제하는 것이다. 그리고 고위 중앙 기구에 부과된 의무뿐만 아니라 하위직에서의 모든 개별적인 순수한 기술적 문제들도 정치적으로 중요할 수 있으며, 또한 그 해결 방식도 정치적 관점에 따라 결정될 수 있다. *정치가*는 관료 지배를 상쇄하는 권력을 가져야만 한다. 그러나 순수 관료 지배의 *지도 기구*의 권력 이익은 이와 반대로 작동하고 있어서, 최대한 통제에서 벗어나려는 경향, 그리고 무엇보다도 관리의 승진을 위해 장관직을 독점하려는 경향으로 나아가게 된다.

관직을 효과적으로 통제할 수 있는 가능성은 전제 조건과 연결되어 있다.

모든 관리의 권력 지위는 행정의 분업 기술 이외에 두 종류의 *지식*에 의존하고 있다. 첫째, 전문 훈련을 통해 획득되는 것으로서, '기술적'이라는 단어의 가장 확대된 의미에서의 *전문 지식*이다. 전문 지식이 의회 내에서 표현될 것인지 아닌지 또는 의원이 개별적인 문제에 부딪혀 전문가에게 사적으로 정보를 구할 것인지 아닌지는 우연이자 사적인 문제이다. 행정을 통제하는 데는 관련 관리를 출석시킨 의회 위원회 앞에서 *전문가에 의해* 시행되는 체계적인 *반대 신문*을 대체할 만한 것이 없다. 이것만이 통제와 모든 전반적인 질문을 보장하기 때문이다. *아마추어적 어리석음*이라 하여 헌법이 이를 *정면으로 거부*하고 있기 때문에 제국 의회는 이런 권리를 갖고 있지 않다.

그러나 전문 지식만이 관리 권력의 토대가 되는 것은 아니다. 관리 권력의 토대에 근무 *지식*이 추가되어야 한다. 이는 관리가 관직 기구의 수단에 의해서만 얻을 수 있는 정보, 즉 관리의 행동을 결정짓는 구체적인 사실에 관한 정보를 의미한다. 이러한 사실 정보를 관리의 선(善) 의지와 무관하게 다룰 수 있는 사람만이 각각의 문제들에 대해 행정을 효율적으로 통제할 수 있다. 상황에 따라 서류 열람, 현장 조사가 이루어지며, 최악의 경우 의회 위원회 앞에서의 관련자 *신문*이 고려된다. 그러나 제국 의회는 이러한 권리 또한 갖고 있지 *않다.* 왜냐하면 행정 통제에 요구되는 정보를 다룰 수 없게 되어 있었으며, 아마추어라는 평가에 덧붙여 *정보에 있어서는 문외한*이라는 평가를 받았기 때문이다.

이것은 *사실적인 이유*에서 비롯된 것은 *아니다.* 이것은 관료제의 가장 중요한 *권력 수단*이 '근무 기밀'이라는 악명 높은 개념에 의해 근무 지식을 *비밀 지식*으로 전환시키는 데서 비롯된다. 물론 이것은 통제로부터 행정을 보호하는 수단이다. 하위 관리가 상위 관리에 의해 통제되고 비판받는 동안, '정책'을 다루는 상위 관직에 대한 모든 통제는 기술적이건 정치적이건 완전히 실패한다. 행정부 수장이 의회 대표의 질문과 비판에 답변하는 것과 같은, 즉 형식과 내용에서 매우 굴욕적인 방식이 자존심 강한 국민에게 가능한 이유가 있다. 이른바 의회가 '*조사권Enqueterecht*'이라는 수단을, 즉 행정과의 지속적 협력과 행정에의 지속적 영향을 가능하게 해주는 사실과 기술적인 전문 시각을 획득할 수 있는 수단을 가지고 있지 않기 때문이다. 여기서 우선 하나의 변화가 일어나야 한다. 앞으로 제국 의회의 위원회는 포괄적인 연구를 하거나 이에 관한 두툼한 책자를 출간하지 못할 것이다. 의회가 다른 일로 바쁘기 때문이다.

그러나 조사권은 적절한 조력 수단으로서 꼭 필요할 뿐만 아니라 하나의 채찍을 제공함으로써 그 존재만으로도 행정 수장이 조사권 사용 이전에 먼저 해명을 하게 만든다. 영국 의회의 최고 업적은 이러한 권리의 사용 방식에 있다. 영국 관료의 성실성과 국민의 상당한 수준의 정치 교육은 여기에서 비롯된다. 또한 종종 강조되어야 할 것은, 영국의 정치적 성숙의 가장 훌륭한 지표는 위원회 토의가 영국의 신문과 그 독자들을 따른다는 점이다. 이것은 프랑스나 이탈리아의 비조직적 의회의 불신임 투표, 장관 탄핵, 떠들썩한 말다툼으로 표현되는 것이 아니라, 국민이 관료제에 의한 업무 수행 방식에 통달해 있으며, 이를 지속적으로 통제하고 이에 대해 영향을 미칠 수 있다는 점으로 표현된다. 강력한 의회 위원회만이 모든 교육적 영향이 행사될 수 있는 장소이며, 그러한 장소가 될 수 있다. 그러나 관료제 그 자체는 결국 의회 위원회에 의해서만 획득될 수 있다. 공중과 관료제의 관계가, 의회제 훈련을 받은 국민들과 비교할 때 독일에서만큼 불분명한 곳은 없다. 놀라운 일이 아니다. 관리가 다뤄야 하는 *문제*들이 독일에서는 어디에서도 명료하게 드러나지 않았다. 현재와 같이 관료 지배를 통제할 수 없는 상태가 지속된다면, 관리의 업적은 결코 이해될 수도 평가될 수도 없으며, 또한 '신성한 관료제'에 대한 실질적 비판의 자리를 차지한 삭막한 욕설은 결코 극복될 수 없다. 관료제의 권력 지위는 관료제가 적절한 지위를 차지하고 있는 한 약화되지 않는다. 영국과 독일에서처럼 전문적 훈련을 받는 '추밀 고문관'은 전문 영역에서 장관(또한, 종종 전문 관리 출신의 장관)보다 우수하다. 이것은 당연하다. 현대적 조건에서 전문 훈련은 정치적 목적 달성에 요구되는 기술 수단을 습득하는 데 불가피한 전제이기 때문이다. 그러나 정치적 목적을 설정하는 것은 전문적인 일이 아니며, *정치*는 순수하게 전문 관리에 의해 결정되는 것이 아니다.

조사권에 의해 보장된, 행정에 대한 지속적인 통제와 행정과 의회 위원회의 공동 작업이 독일에 도입된 것은 피상적으로 보면 상당히 평범한 변화 같지만, *국가 조직*으로서 *의회*의 실제적 업무 증가라는 의미에서 본다면 이는 더 나은 발전을 위한 기본적인 전제 조건이다. 이러한 변화는 또한 의회가 정치 지도자를 위한 충원 장소가 되기 위한 기본 전제이다.

최근 독일 내 문필가들의 글을 보면, 의회를 단지 '토론'하는 장소로만 나쁘게 평가하는 경향이 있다. 유사하게 영국의 칼라일Thomas Carlyle은 상당한 사상적 깊이와 독창성이 있음에도 불구하고 3세대 전에 의회를 악평했다. 그럼에도 의회는 영국이 세계를 지배하는 데 결정적인 조직이 되었다. 오늘날 지도적인(정치·군사적인 면에서!) 행위의 실질적 담당자는 칼로 개입하는 것이 아니라 전적으로 산문적인 음성의 높낮이와 잉크 방울, 즉 기술된 *문장*과 언급된 말로 개입한다. 중요한 것은 재능과 정보, 강력한 의지와 특수한 경험이 의회 내에서 명령 또는 선거용 연설, 외교상의 기록 또는 공식적 설명을 형성한다는 것이다. 사실에 관한 정보도 전혀 다루지 못하고 정당의 지도자가 정치적으로 무엇을 수행할 수 있는가를 제시하지도 못하는 처지에 있으면서 비판만 일삼는 의회에서는, 정보를 알지 못하는 선동가와 판에 박힌 무능력자(또는 두 가지 속성을 다 가지고 있는 자)가 이러한 문장과 말들을 이끌고 간다.

독일의 속물들은 영국 의회와 같은 정치 기구를 당시 자신이 처했던 상황에 의해 형성된 맹목적 시각으로 보았으며, 상당히 정치적으로 무기력했음에도 불구하고 이에 근거하여 자만심에 들떠 영국 의회를 얕잡아볼 수 있다고 믿었다. 이것은 전적으로 비정치적인 시대가 독일 내에 축적해온 정치적 미성숙의 일면이다. 이것은 영국 의회가, 인류의 4분의 1을 정치적 수완이 있는 소수의 지배에 종속시킬 수 있었던, 모든 정치인의 충원 장소라는 것을 생각하지 않는 것이다.

더군다나 중요한 것은 상당히 *자발적* 복종이었다는 점이다. 그렇게 칭찬을 많이 받은 독일 관헌 국가가 과연 어떤 제도를 통해 그와 유사한 업적을 내보일 수 있겠는가? 유사한 업적을 위한 정치적 훈련은 결코 의회 회의에서 겉치레뿐인 치장하는 말을 통해 획득되는 것이 아니다. 이 훈련은 의회 과정 내에서의 지속적인 강력한 활동을 통해 획득된다. 영국의 걸출한 정치 지도자는 누구나 의회 활동을 통해 훈련을 받았으며, 그곳에서 일련의 행정 업무를 끝까지 고통스럽게 경험했으며, 그러한 활동을 거쳐야만 했다. 그러한 의회는 단순한 선동가가 아닌 전문적인 활동을 하는 정치가를 위한 충원 장소가 될 수 있었다. 왜냐하면 정치가는 역동적 활동이 따르는 의회 위원회에서 현실 행정의 강도 높은 모든 훈련을 견뎌내야 했고, 그 안에서 자신을 입증해야 했기 때문이다. 오늘날까지도 영국 의회는 이 점에서 비길 만한 데가 없다(어느 누구도 진심으로 부정할 수 없다). 전문 관리와 직업 정치가의 이와 같은 협력만이 행정의 지속적인 통제를 보장해주며, 지도자와 피치자의 정치 교육과 훈련을 보장해준다. 효율적인 *의회* 통제에 의해 강요된 행정의 공개성은 결실 있는 의회 활동과 국민의 정치 교육의 전제 조건으로서 요구되는 것이다. 이러한 길이 이제 우리 독일에서도 막 시작되고 있다.

　수많은 보수적 표어들과 함께 맹위를 떨친 전시(戰時) 요구들은 '*제국 의회 수뇌부 위원회*Hauptausschuss'를 창출했다. 이 위원회는 활동 방식과 공개성에 있어서 기술적으로나 정치적으로 아직 상당히 불완전하지만, 그럼에도 활동하는 의회로 발전해나가는 기구임을 보여준다.

정치적 목적 차원에서 이 기구의 불완전성은 왜곡되고 비조직화된 *형태*에 내재되어 있다. 이러한 형태 속에서는 상당히 중요한 정치 문제들이 다수 의원들에 의해, 다수 의원 내에서 공개적으로 다루어졌고, 상당히 중요한 정치적 문제들이 필연적으로 감정적으로 취급되었다. 수많은 사람들이 '비밀스러운' 군사 기술상(유보트U-Boot[32] 문제!)의 문제와 외교 문제를 공유하고, 그 때문에 그것이 사적으로 유출되거나 선정적인 형태로 신문에 유출된다면, 이는 공익을 해칠 우려가 있는 행위이다. 외교 정책과 전쟁에 관한 *실질적* 토론은 우선 정당의 신임을 얻은 소집단에서 행해져야 한다. 그리고 정치는 일반적으로 항상 소수에 의해 행해지기 때문에, 정치적 의미가 큰 목적을 위한 정당은 '길드적' 방식이 아닌 '충성'의 방식에 의해 조직되어야 한다. 따라서 정당의 *정치적* 신임을 받은 대표들은 '지도자'여야 한다. 즉 중요한 결정 사항에 무제한적인 전권을 소유해야 한다(또는 사안별로 소집된 위원회로부터 짧은 시간 내에 전권을 전달받을 수 있어야 한다).

개별 목적을 위한 7인 위원회와 더불어, 현상적으로 이런 길로 나아가는 첫 단계가 이루어졌다. 그 기관을 '임시적인'

것으로 규정한 데다 국회의원을 곧장 '정당의 대표자'로 취급하지 않음으로써 행정부 수장의 자만심도 살려주었다. 이것은 전체 위원회의 정치적 중요성을 박탈하고자 했던 것으로, 다행히 실패했다. 이러한 7인의 정당 대표와 정부 장관들이 한 책상에 모여 토론하는 것이 목적에 부합하기는 하지만, 7인의 전권 대표 대신에 중간 정도 주들의 3~4명의 대표자, 그 외에 결정력 있는 4~5명의 군사 행정 수장과 국내 정치 수장 또는 그 대표자들이 보완되면 더 목적에 맞는다. 어쨌든 비밀을 엄수하는 소위원회만이 고도의 긴장 상태로 현실적인 정치적 결정을 *준비*할 수 있다. 아마도 전시에는 이와 같이 행정부 대표와 더불어 모든 거대 파당들의 대표자가 하나로 묶인 위원회를 만드는 것이 좋을 것이다. 마찬가지로 평시에는 정치적 의미가 큰 이슈, 특히 외교 문제를 토론하는 데 있어 유사한 토대에 근거한 정당 대표자들의 개입이 아마도 유용할 수 있다. 그러나 이 제도는 그 밖에는 한정된 의미만을 갖고 있어서, 정부 운영에 대한 적절한 의회화의 보완도 아니며 통일적인 정부 의지 창출을 위한 수단도 아니다. 여러 정당이 이 정책을 지지하는 경우, 이것은 정부 지도자와 당시 *다수*를 형성해 결정권을 소유하고 있는 정당의 자유로운 신중한 토론에 의해서만 합의를 도출할 수 있다. 독립 사회당의 대표자와 보수당의 대표자가 함께 구성하는 위원회는 이미 모든 종류의 의지를 형성할 만한 자리를 명백하게 차지하지 못한다. 이것은 정치적으로 생각조차 할 수 없는 일이다. 그러한 기구는 *정치*의 통일적인 방향을 위해서 아무것도 할 수 없다.

이와 반대로, 평화 시의 정상적인 행정 통제를 위해 *수뇌부 위원회*와의 연장선상에서 다양한 파당으로 구성된 전문위원회의 발전이 적절한 도구가 될 수도 있다. 이것은 대중이 정보를 받고 있고, 참의원 대표자들과 해당 대표자들이 참여하는 소위원회의 토의 대상의 전문화와 관련해 통일성을 보장하는 적절한 절차가 만들어져 있는 경우에 가능하다.

그러한 계획이 얼마나 효과적일지는 앞으로 제국 내에서의 의회의 지위와, 그 결과, 그 정당들의 구조가 어떻게 구성되는가에 전적으로 달려 있다. 모든 것이 옛날 그대로 남아 있다면, 특히 제국 헌법 9조가 예전처럼 자동적 방해물로 남아 있다면, 일반적으로 의회가 '소극적 정치'만을 하고 있다면, 관료제도 이러한 방향으로 공개적으로 나아가는 경향이 있다면 상황은 달라지지 않을 것이다. 즉 정당들은 위원회 내의 그들 대표자들에게 사소한 명령권만을 부여함으로써, 그들에게 *지도자에 상응하는* 어떤 전권도 양도하지 않을 것이며, 위원들 각자는 자신들의 피보호자를 위해 사소한 개인적 이익을 벌어들이고자 애쓸 것이며, 전체 기구도 정치적 훈련과 실질적 결실이 있는 공동 활동의 수단이 되기보다는 행정을 쓸모 없이 그리고 지루하게 저지하는 것에 지나지 않게 될 것이다. 실제 결과로서, 최악의 경우 스위스의 칸톤에서처럼 정당의 비례 대표적 정실 인사와 유사한 어떤 것이 나타날 것이다. 그로 인해 개별 정당들이 행정에 대한 영향력을 조금씩 평화롭게 분점하게 됨으로써 결국 정당 투쟁이 점진적으로 소멸하게 될 것이다. (정치적으로 막중한 임무를 갖고 있는 거대 국가라면 꼭 이와 같은 소극적 결과에 이르지는 않을 것 같다. 내가 알기로는 스위스인들도 이러한 실행의 긍정적인 효과에 대해서 다른 관점을 갖고 있다. 또한 이것은 거대 국가에서는 당연히 절대적으로 다르게 평가되어야 한다.) 이러한 목가적 관점이 확실하지 않음에도 불구하고, 정치적 정당 투쟁의 소멸을 무조건적인 최고 선으로 보는 사람은 이러한 목가적 풍경에 확실히 만족할 것이고, 또한 관료제는 이를 통해 작은 이익 분배를 지속시킴으로써 고유한 권력 지위 보장이라는 이익을 기대할 것이다. 게다가 '궁정에 적합한' 다양한 정당들이 관직을 비율에 따라 분배받게 된다면, 그 결과는 상당히 많은 것을 얻는데 '상당히 즐거워하는 얼굴들'일 것이다.

그러나 *국내 행정 영역*, 즉 프로이센의 주지사, 행정 수반, 최고 수반의 영역을 둘러싸고 현실적으로 관직이 이와 같이 평화스럽게 분배되는 일은 절대 없다. 이는 보수당이 관직을 독점하고 있는 것만 봐도 분명하다. 순수하게 정치적으로 본다면, 정당 *지도자*가 아니라 정당 *관리*가 정치 권력과 책임이 아니라 *관직* 점유 기회를 기대한다는 점이 여기서 분명히 도출된다. 이것은 확실히 의회의 정치적 수준을 고양하는 데 적절한 수단이 아니다. 이로써 행정 통제가 효과적으로 이루어질지 행정 행위의 판단을 위한 국민의 성숙이 더욱 무르익을지의 문제는 전적으로 미지수이다.

어쨌든 필요에 따라 전문 지식과 근무 지식을 습득할 권리가 완전히 보장되지 않는다면 가장 단순한 행정 문제조차 그러한 관료화된 위원회에서 적절하게 토의될 수 없다. 관료제는 독점적이며 사실과 부합하지 않는 위신, 또는 분명히 말한다면 자만심과 자신에 대한 통제 불가능성을 요구한다. 이는 '의회 정부'의 문제에 대한 어떤 결정을 의미하는 것이 아니라 다만 실용적 형태의 한 가지 전제 조건을 내포할 뿐인 이러한 요구를 가로막는 것에 지나지 않는다.

헌법학자들이 조사권에 반대해 유일하게 내세운 실질적인 이의는 바로 제국 의회가 의제와 관련해 전적으로 자율적이라는 점, 즉 당시 다수가 아예 문제를 상정하지 않거나 또는 자신들이 선호하지 않는 문제를 지적하지 못하게 할 수도 있다는 점이다. 의심할 여지 없이, (간접적으로) 영국 이론에서 무비판적으로 수용된 이 의제의 자율성(제국 헌법 27조)은 여기에 맞지 않는다. 오히려 법률상의 규정으로 조사권이 보장되어야 한다. 특히 그 권리는 무조건적으로 소수파의 권리(대략 말해본다면 약 100명의 의원의 요구)로서, 당연히 대표, 문제 제기, 다른 견해의 피력에 대한 소수파의 권리로 보장되어야 한다. 이미 이것은 훗날 닥치게 될 의회에서의 '다수의 전횡'과 그 위험을 공개성에 *의해 상쇄하기* 위해서 필요하다. 이러한 상쇄력은 다른 나라에는 거의 없었으며, 영국에서조차 오늘날까지도 정당 쌍방 간의 정중함에 의해 제공되었던 것이다. 그러나 다른 방향에서도 보증이 필요하다. 여러 국가들 사이에서 기업들이 서로 경쟁하고 있다면, 저의가 있는 공개로부터 기업의 기술적 경영 비밀을 충분히 보호하는 것이 불가피하다. 이것은 우선 군사 비밀에서도 마찬가지이고, 마지막으로는 해결되지 않은 *외교 정책*을 고려할 때도 마찬가지이다. 이 단계에서 이러한 것들은 비밀 엄수를 생명으로 하는 소위원회에서 토론되어야 한다. 몇몇 문필가들, 특히 러시아 문필가들은 교전 당사국 간의 실질적인 평화 조약 체결과 같은 외교 정책을 이른바 '원리' 뒤에 은폐되어 있는, 현재 충돌 중인 국가와 민족의 이익에 관한 실질적 토론을 통해 도출하기보다는 오히려 공개적으로 선언하는 일반 원리를 통해 그럴 수 있다고 주장했다. 사실들로 미루어 보건대 이것은 당연히 조롱받을 만한 실수이다.[33] 이러한 영역에서 *우리의* 과거 잘못을 근본적으로 고치기 위해서는 이러한 아마추어적 문필가의 생각과는 전혀 다른 방법이 요구된다. 민주주의에서 다양하게 확장된 관점인 외교의 공개성이 곧 만병통치약이자 무엇보다도 평화를 위해 끊임없이 작동한다는 생각은 이러한 일반화에서는 오류이다. 최종적인, 이미 숙고된 주장의 관점에서 본다면 이러한 생각은 타당하다. 그러나 경쟁적인 국가들과 경쟁적인 기업들이 존재하고 있는 한 이러한 생각은 타당하지 않다. 국내 행정의 문제와 반대로 외교 문제를 공개적으로 처리한다면, 결정하지 못한 외교 문제를 *객관적으로* 그리고 신중하게 처리할 수 없으며, 곧장 평화를 위협하거나 저지할 수도 있다. 현재의 전쟁 경험은 이것을 극명하게 드러내고 있다. 그러나 외교 정책에 대해서는 다시 한번 언급해야 한다.

의회 지도력의 부재가 오늘날 국내에서 발생한 '*위기*'의 경우에 어떻게 표현되었는가에 대해서도 지적해야 한다. 1917년 7월 에르츠베르거의 충동적인 발언과 이후의 두 번의 위기 진행 과정은 이에 대한 적절한 교훈이 될 것이다.[34] 이러한 세 가지 사건에서 다음과 같은 사실이 드러난다. ① 정부와 의회는 서로 다른 두 개의 조직이고 의회는 피치자의 대표일 *뿐*이며, 그 때문에 '소극적 정치'만을 한다. ② 정당은 길드와 같은 조직인데, 왜냐하면 정치 지도자는 의회 내부에서 어떤 직업도 갖지 못하며, 따라서 정당 내에서 어떤 지위도 차지하지 못하기 때문이다. ③ 관리 측면에서의 국가 지도자, 즉 주도적인 관리는 정당의 지도자로서 의회 내의 정당에 소속되지 않으며, 또한 *지속적*으로 정당의 지도자와 접촉하지 못하며, 대신 정당의 외부에 있으며, 관습적으로 행해지는 위신 있는 말투를 그대로 받아들인다면 '정당 위에'

있으며, 따라서 정당을 이끌 능력이 없다. 강력한 제국 의회의 다수가 제국 정부의 적극적 결정을 요구한다면, 그 제도는 곧 실패로 귀결된다. 당황한 정부 대표자는 정당 조직 내에 아무런 토대도 없기 때문에 근본적으로 고삐를 강화해야만 했다. 제국 의회는 정치적 지도력의 상실에 직면해 완전한 무정부 상태를 드러냈다. 왜냐하면 (이른바) 정당 지도자는 정부 내에서 어떤 자리도 차지하지 못했으며, 또 당시에는 정부의 미래 지도자로 고려되지도 못했기 때문이다. 모든 정당들은 그때까지 본 적도 없고, 그들의 조직과 인물로도 대처해본 적이 없는 정부 구성이라는 새로운 임무에 직면했다. 물론 모든 정당이 완전히 무능력한 것으로 입증되었으며, 어떤 시도도 하지 못했고, 또한 시도조차 할 수 없었다. 극좌에서 극우 정당에 이르기까지 어떤 정당에도 지도자로 인정받을 만한 정치가가 없었기 때문이다. 이는 관료제에서도 마찬가지였다.

모든 정당들은 40년 전부터 제국 의회가 오직 '소극적 정치'만을 해야 한다고 가정해왔다. 비스마르크가 의회 내의 정당들에 대해 혹평했던 '무기력에의 의지'는 비스마르크의 유산이 되어 놀라울 정도로 명백히 드러났다. 그러나 정당들은 국가의 새로운 지도자를 결정할 때 어떤 역할도 함께하지 못했다. 가장 단순한 신중함이 관료제의 핵심임에도 불구하고 위신에 대한 욕구 또는 좀 더 분명히 말한다면 관료제의 자만심은 이러한 결정적인 순간에 정당이 아무런 역할도 못하는 것을 견뎌낼 수 없었다. 정당은 독일의 지도자를 위해 어떤 후보자를 제안할 것인가, 또는 적어도 더욱 실질적으로 말해 정당은 개인적으로 가능성이 있는 독일의 미래 정치 지도자에 대해 어떤 태도를 취해야 하는가와 같은 곤란한 질문을 관료제는 던지지 않았다. 대신 관료제는 위신과 관련된 관점, 즉 정부의 형성은 인민 대표와 아무런 관련이 없다는 관점을 고수했을 뿐이다. 의회 밖에 있는 권력[35]이 새로운 정부에 개입하고 새로운 정부를 구성했다. 그러나 새로운 정부는 이제 특정한 사실적 제안과 '예' 또는 '아니오'를 채택할 무조건적인 요구를 정당에게 제기하지 못했다.

잘 알고 있다시피, 새로운 수상[36]은 결정적인 문제와 관련해서 서로 매우 다른 설명을 하도록 강요받았으며, 외교 정책 행위[37]에 대해 7인 위원회의 감시를 받았다. 이것은 전적으로 그가 의회의 *신뢰*를 받지 못했기 때문이다. 그리고 두말할 필요 없이 문필가들은 독일의 위신을 해칠 뿐인 불쾌한 광경에 의해서, 독일에서 의회주의는 '불가능하다'는 마음 편한 신념으로 다변을 늘어놓았다. 의회는 '실패했다.' 실제로 그 외의 다른 어떤 것들도 실패했다. 예컨대 의회와 외적 관계에 있는 관료제에 의한 의회 지도의 시도도, 즉 문필가들의 적극적 지지를 받으며 수십 년간 관료제의 통제 불가능성을 옹호하기 위해 의회의 적극적인 정치 행위를 막았던 바로 그 제도도 실패했다. 이 상황은, 책임감이 전적으로 정당 지도자의 어깨에 달려 있으며, 따라서 타고난 정치 지도자가 국가의 운명을 의회에서 함께 결정할 가능성을 갖고 있는 어떤 정부 형태와는 전적으로 다를 것이다. 그때 정당은 현재 제국 의회 내에 존재하는 것과 같은 형태인 프티 부르주아적이며 길드적인 조직으로 존속할 수 없을 것이다. 정당은 *지도자에게 복종하라는* 절대적 강요를 받을 것이다. 따라서 주지하다시피 특히 중앙당이 그랬던 것처럼 정당들은 지도자 자질을 발전시켜야 했던 순간에 신경 계통의 활동이 중지된 천성적으로 근면한 관리에게 복종해서는 안 된다. 그러나 지도자는 그러한 위기의 순간에 군주에게 적극적 프로그램과 일정한 지도력 있는 인물을 제안할 어떤 연합을 형성해야 할 것이다. 하지만 현존 제도에서는 순수하게 소극적인 정치 외에는 다른 어떤 것도 들어설 수 없다.

의회 외부에서 결정된 새로운 제국 의회의 새로운 지도자는 무질서만을 초래했으며 곧장 옛날로 회귀하고 말았다. 제국 헌법 9조에 따르면 몇몇 유능한 의원의 정부 관직 취임은 그 의원들이 정당 내에서의 영향력을 상실하는 것을 의미하며, 나아가 그 정당이 지도자를 잃거나 방향성을 상실하는 것을 의미할 뿐이다.[38] 1917년 8월과 10월 위기 때[39] 이것이 다시 한번 재현되었다. 정부는 또 완전히 실패했다. 왜냐하면 주도적인 국가 지도자가 정당 지도자와의 *지속적인 접*

촉을 *회피하고*, 임박한 의사 일정에서 설명해야 할 문제를 각 정당의 소수 대표자들과 사전에 협의하는 것, 즉 그들이 그토록 얻고자 바랐던 것을 *거부했기* 때문이다. 그러나 제국 의회의 다수당의 요구에 근거해 그해 11월에 새로 임명된 수상이 관직에 임명되기 전에 다수당과 접촉해왔다는 점, 나아가 순수하게 정치적인 장관직이 훈련받은 의원들로 채워지게 되었다는 점은 어지간한 기능인들, 즉 정치인들이 국내 정치 머신을 담당할 수 있도록 만들었다.[40] 이것은 특히 제국 헌법 9조 2항이 현재 지속적으로 치명적인 영향력을 행사하고 있음에도 부정할 수 없는 사실이다. 가장 어리석은 시각으로 보더라도, 1918년 1월의 위기는 *의회*가 독일 국내 정치 위기의 원천이 *아니라*는 것을 증명해준다.

오히려 다른 원천 두 가지가 있다. 첫째, 군의 지도자는 *군사적* 관점에 따라 전쟁을 수행하고, 정치가는 *정치적* 관점에 따라 평화를 체결한다(이러한 조건에서는 순수하게 기술 전략적인 관점이 단 하나의──그러나 단지 하나의──관점이 된다)는 비스마르크 정책의 강력한 기본 원리가 유기되고 있다는 점이다.[41] 둘째, 그러나 무엇보다도 다른 하위 궁정 관리들은 상위 정치에 대한 내부 토론을 신문에 누설하는 것이 유익하며, 그것이 이른바 '군주제' 정부와 일치한다고 생각했다는 점이다. 이것은 *정당 정치적* 이해 관계에서 비롯된다.

이러한 상황에서 보건대 순수한 관리 지배는 결코 어떤 정당 지배도 의미하지 않는다는 것을 알 수 있다. 프로이센의 주 의회는 보수적이었다. 독일의 허울뿐인 의회주의는 1878년 이후 존속해온 정당 이익과 연관된 원리, 즉 프로이센 부르주아와 중앙당의 정실 인사에 몇몇 자리를 제공해온 것을 제외한다면 모든 정부와 그 대표자는 당연히 보수적이어야 한다는 원리에 의거하고 있다. 독일에서 관리 지배의 '초당파성'은 보수적이라는 것을 의미할 뿐이지 그 외 다른 어떤 것을 의미하지 않는다. 모든 국가에서의 전쟁의 교훈, 즉 국가 내 책임 있는 권력에 참여한 모든 정당은 '애국적'이어야 한다는 교훈은 아무것도 변화시키지 못했다. 권력을 차지한 보수적인 관리 지배의 당파적 이익과 여기에 참여하고 있는 이익 집단만이 정부를 지배한다. 우리는 현재 이러한 '결말 cant'의 불가피한 결과에 직면해 있으며 평화 시기 이후에도 지속적으로 접하게 될 것이다. 의회가 아니라 국가 권력 그 자체가 그 대가를 지불해야 한다.

의회가 어떻게 하면 권력을 담당할 수 있는가 하는 문제를 빼놓고 독일 국가 질서의 미래 문제를 제기한다면, 이것은 처음부터 잘못된 문제 제기다. 왜냐하면 이 질문 이외의 모든 것은 부수적인 질문이기 때문이다.

위에서 언급했듯이, 외적으로는 초라하지만 실제로는 중요한 의회 권력의 권한을 확장시키고, 국회법의 강력한 변화와 의회의 현재 관례와 같은 헌법 9조의 법조문상의 방해를 제거하는 것 이외에도 적합한 직업 의원의 발전이 중요하다.

직업 의원이란 제국 의회 의원직을 임시직이 아니라 주요한 생계 노동으로 삼는 사람, 즉 그에 맞는 사무실과 인력을 지원받으며 모든 정보 수단에 접근할 수 있는 사람을 말한다. 이러한 인물을 사랑할 수도 있고 미워할 수도 있지만, 이들은 기술적으로 불가피한 존재이며, 따라서 이런 인물들은 오늘날 *이미 존재하고 있다*. 다만 이들은, 의회의 결정권이 한정되어 있고, 의회 전문직업의 기회도 한정되어 있으므로, 가장 영향력 있는 경우조차 상당히 부차적인 형태로, 배후에 존재하고 있을 뿐이다. 직업 정치가란 정치, 정치 활동, 정치에의 영향과 가능성에 *의해서* 생을 영위하는 사람이다. 또는 정치를 *위해서* 살아가는 사람이다. 단지 후자의 정치인만이 국량이 큰 정치가가 될 수 있다. 그가 재정적으로 독립할수록, 따라서 '경영에 매달리는'(기업가)가 아니라 '능력 있는' 금리 생활자가 되는 한에서, 그는 쉽게 이러한 인물이 된다. '경영에 매달리는' 계층 중에는 법률가만이 '능력 있으며', 직업 정치가에 적합하다. 순수한 법률가 지배도 확실히 바람직하지 않지만, 우리 문필가들이 법률가가 정치적 행위를 할 만한 자질이 없다고 과소평가하는 것 또한 어리석다. 법률가들이 *지배하던* 구시대에, 위대한 법률가는 관리와 대립해 투쟁 속에서 그리고 투쟁에 의해 *사건의 효과적 대변*(代辨)을 훈련받은 유일한 계층이다. 또한 정부의 공식적 주장을 알리기 위해서 *본질적*으로 (무엇보다도 전문적인) 법률가의 좀 더 높은 전문성이 요구된다. 그러나 의회가 지도자의 책임을 떠맡은 지도자의 지위를 약속한다면, 유능한 법률가뿐만 아니라 일반적으로 독립할 수 있는 인물들도 정치를 위해 살아갈 것이다. 그렇지 않다면 봉급을 받는 정당 관리와 이익 대변자들만이 정치를 하게 될 것이다.

진정한 정치 지도자에 대한 전형적인 정당 관리들의 반감은 의회화의 문제, 즉 의회에 의한 지도자 선출에 대한 다수 정당들의 태도에 강하게 영향을 미친다. 물론 이는 관료제의 동일한 이익과도 완전히 일치하는 것이다. 왜냐하면 직업 국회의원은 항상 권력에 확실히 참여하는 불편한 통제자이자 잔소리꾼이기 때문인 만큼 관료제적 행정 수장의 본능에서 본다면 눈엣가시이기 때문이다. 그가 *지도적* 지위를 둘러싸고서 가능성 있는 경쟁자로 떠오른다면(이익 대변자는 이와 같은 역할을 하지 않는다) 더더욱 눈엣가시이다. 따라서 의회에 정보를 제공하지 않으려는 투쟁이 지속된다. 활동 중인 의회에서 강도 높은 위원회 활동을 통해 전문 훈련을 받은, 자질 있는 직업 국회의원만이 단순한 선동가나 아마추어가 아니라 책임감 있는 지도자로 나타날 수 있기 때문이다. 의회의 전체적인 내부 구조는 그러한 지도자와 그 효율성에 근거해 재구성되어야 한다. 영국의 의회와 정당들은 이미 오래전에 이런 방식으로 재구성되었다. 물론 영국의 관례는 아직 독일에 적합하도록 전환되지 않았다. 그러나 그 구조 원리는 적합하다. 바람직한 업무 질서와 관례의 모든 변화를 개별적으로 설명하지는 않겠다. 정당하게 '소극적' 정치가 아니라 책임감 있는 정치를 행하라는 압력이 존재하자마자 이러한 변화는 쉽게 나타날 것이기 때문이다. 오히려 여기서는, 종종 논의되기는 했지만 왜곡된 형태로 논의되고 있는 실제로 중요한 방해물, 즉 독일 *정당 제도*가 의회화로 나아가는 것을 가로막는 방해물을 짧게나마 다루겠다.

의회화의 가장 좋은 토대가 최근까지 영국에 존재하고 있는 양당 제도——물론 이미 감지되고 있듯이 곧 해체되겠지만——라는 것은 의심할 여지가 없다. 그러나 양당 제도는 의회화의 필요충분 조건은 아니며, 영국을 포함한 모든 나라가 정당 연합을 요구하는 방향으로 발전하고 있다. 또 다른 어려움이 한층 더 중요하다. 의회 정치는 의회 내 가장 큰 정당이 원리상 국가 업무 *일반*을 책임지고 떠맡을 준비가 되어야만 가능하기 때문이다. 물론 이런 일은 독일에서는 전혀 없었다. 무엇보다 가장 큰 정당인 사회민주당은 박해받던 시절에 물려받은 의사(疑似) 혁명적 관례('궁정 행진'에 대해)[42]와 진화론[43]에 의해 정부를 떠맡지 않았을 뿐만 아니라, 특정 조건에서만(또는 작은 국가에서 때때로 정부를 차지할 만큼 충분한 다수당이 되었을 때) 연합 정부에 참여하려고 했다.

그러나 본질적으로 이론적 불안보다 더 큰 고민이 사회민주당에 영향을 주었으며 현재도 영향을 주고 있다. 그 고민이란, 모든 정부는 어쩔 수 없이 앞으로 당분간 자본주의 사회와 경제 조건 위에 서 있을 수밖에 없는데, 이렇게 되면 사회민주당의 기반인 프롤레타리아가 이 정부에 참여하는 것에 대해 불신하게 되며, 사회민주당은 그 계급 기반을 상실하게 됨을 말한다. 이러한 상태에서 사회민주당의 지도자들은 부르주아적인 국가 메커니즘에의 오욕적인 참여를 피하기 위해서 수십 년간 사회민주당을 정치적 고립 상태로 만들었다. 모든 상황에도 불구하고 이는 계속 진행되고 있다. 비정치적이며 반정치적인 영웅적 형제 윤리인 생디칼리슴 Syndicalisme[44]이 성장하고 있으며, 지도자는 경제 투쟁에서 노동자의 추동력을 축소시키게 될 계급 연대의 파괴를 두려워했다. 더구나 사회민주당 지도자들은 관료제의 전통적인 태도가 전후에 다시 소생하지 않으리라는 확신도 할 수 없었다. 사회민주당의 태도가 앞으로 어떻게 형성될지, 즉 사회민주당이 국가 권력에의 의지를 중시할지 아니면 동류 계급의 비정치적 형제 윤리와 전후에 확실히 강화될 급성장한 생디칼리슴을 중시할지에 우리의 미래가 달려 있다.

다소 다른 또 하나의 문제는 두 번째로 큰 독일 정당인 중앙당이 지금까지 의회주의에 대해 회의적이라는 데 있다. 중앙당의 권위적 성향과 관헌 국가의 내적인 친화성은 중앙당의 입장에서 관료제의 이익과 완전히 일치한다. 그러나 다른 어떤 것이 훨씬 더 중요하다. 본래 소수파 정당인 중앙당은 의회 정부에서도 의회의 소수파로 강요당하고, 그럼으로써 그 권력 지위와 실제로 도와주어야 할 정당의 피후견인들의 대표라는 현재의 위치가 위태로워지는 것을 두려워했다. 중앙당의 권력 지위는 우선 의회 밖에 있는 수단, 즉 신자의 정치적 태도에 대한 성직자들의 지배에 근거한다. 의회 내에서 중앙당은 '소극적 정치'가 제공하는 기회를 최대한 이용해 정당 지지자들에게 물질적 이익을 제공할 수 있었다. 독일 내에서 지속된 교회의 정치적 주요 목적이 모두 달성된 이후[45] 중앙당은 실제로 점점 더 이데올로기적인 세계관 정당에서 정실 인사 보장 정당으로, 즉 가톨릭의 관직 후보자들과 문화 투쟁 이후 손해를 보았다고 느낀──이것이 정당한지 아닌지는 문제가 되지 않는다──또 다른 가톨릭 이해관계자들을 보호하는 정당으로 바뀌었다. 오늘날까지도 그 권력의 상당 부분이 이에 의지하고 있다. 의회 내에서 차지하고 있는, 대세를 결정짓는 요인으로서의 지위로 인해 중앙당은 그 피후견인들의 사적 이익을 지원할 수 있었다. 관료제는 이러한 정실 인사에 적합했고, 이 경우 중앙당은 '체면'을 '지킬 수 있었다.' 이런 정실 인사는 비공식적이었기 때문이다. 정당 내 정실 인사의 수혜자들은 의회화(그리고 민주화)로 인해 중앙당이 소수였던 기간 동안 차지했던 기회가 위협받는 것을 두려워했으며 또 다른 어떤 것도 두려워했다.

현존 제도에서 중앙당은 그 지도자가 형식적으로 정부에 참여했을 경우 벗어날 수 없었던 모든 *책임*을 전혀 *지지* 않았다. 책임을 지지 않는다는 것은 편안한 일이다. 오늘날 중앙당의 정치인 가운데 아주 능력 있는 사람들이 있으며, 중앙당의 정실 인사에 의해 관직을 차지한 관리들 중에는 그 지위에 맞는 적당한 능력을 갖춘 사람들이 있는 반면, 책임 있는 집권당에게서 관직을 부여받기에는 공개적으로 재능이 부족한 사람들도 있다. 그러한 인물들은 무책임한 정실 인사의 경우에만 발전할 수 있다. 공식적인 집권당으로서 중앙당은 더 능력 있는 후보자들을 제공해야 했다.

비공식적인 정실 인사는 책임을 지지 않기 때문에, 의회 정실 인사 가운데 평범한 수준에 그치는 최악의 형태이다. 또한 이는 *보수적인* 관리 지배의 결과이며, 이 제도는 사례비(기부) 제도에 의존해 지속된다. 현재 민족자유당의 보수적이며 대자본주의적인 인사들이 이러한 제도에 만족한다는 것은 그리 놀라운 일이 아니다. 왜냐하면 관직 정실 인사권에 대해 대중에게 책임을 질 수 있는 정치가나 정당이 관직 정실 인사를 결정하는 것이 아니라, 모든 종류의 사적인 커넥션, 즉 매우 중요한 *특정 대학 관계*에서 시작해서 조야한 형태나 세련된 형태의 자본가의 추천으로 관직 정실 인사를 결정하기 때문이다. 따라서 아둔하고 무지한 우리의 공론가들조차 왜곡된 의회주의의 동맹자로 상상했던 거대 자본

주의가 한결같이 통제할 수 없는 관료 지배를 지지했다. 거대 자본주의는 그 이유를 확실히 알고 있었다. 우리 문필가들은 관직 정실 인사에 대한 명백한 정당의 책임을 '부패'와 '비독일적인 것'으로 보고, 이를 단호히 거부하는 글을 쓰고 있다. 이것이 현재 우리의 실정이다. 정실 인사의 의회화를 반대하는 데 관여하는 것은 '독일적인 정신'이 아니라 '커넥션'의 자본주의적 이용과 연관된, 단지 강력한 물질적 수혜 이익일 뿐이다. 절대적으로 불가피한 정치 상황의 압박만이 여기서 일반적으로 변화를 창출할 수 있다는 것은 두말할 나위 없다. 의회화는 '스스로' 형성되는 것이 아니다. 오히려 아주 강력한 권력이 이를 반대하고 있다. 위에서 언급한 정당에는 하위직 정실 인사 수혜자와 단순한 의회 숙련가 외에도 공론가들과 순수하게 실질적인 정치가들이 있다. 그러나 현존 제도에서는 전자가 권력을 잡고 있다. 하위 정실 인사가 다른 정당에도 확산된다면 이것은 보편화될 것이다.

현존 제도의 수혜자들과 천진난만하게 글로 봉사하고 있는 모든 문필가들은 의기양양하게, *연방 국가로서의 독일의 특징*을 순수하게 형식적인 면에서 의회화의 거부 근거로 들고 있다. 여기서 곧장 이 문제의 *법적인* 의미를 기술된 헌법의 토대 위에서 고찰해보자. 이런 주장이 얼마나 터무니없는 것인지 밝히기 위해서이다. 헌법(18조)에 따르면 황제는 참의원의 간섭 없이 제국 수상과 모든 제국 관리의 임명과 해임을 독자적으로 결정한다. 제국 수상과 모든 관리는 법의 범주 내에서 오직 황제에게만 복종하며, 그 외 어느 누구에게도 복종하지 않는다. 이것이 효력을 갖는 한 연방에 근거한 어떤 저항도 위헌이다. 황제가 권리를 이용해 의회 다수파의 지도자에게 제국 정치 지도의 임무를 떠맡기고, 그에게 참의원 내에서의 전권을 위임하고 그리고 제국 의회에서 명백하게 표현된 다수의 투표에 근거해 그를 해임한다면, 또는 황제가 내각을 구성할 때 정당을 적절하게 *이용한다면*, 어느 누구도 헌법으로 이를 막을 수 없다. 참의원의 어떤 다수도 제국 수상을 해임하고 그에게 정치적 태도를 설명하라고 강요할 권리를 가지고 있지 않다. 제국 수상은 이것을 헌법 17조 2항의 반론의 여지 없는 해석에 따라 헌법에 맞게끔 제국 의회에 적용하면 된다. 최근에 제국 수상은 제국 의회만이 아니라 참의원에 대해서도 책임을 져야 한다는 새로운 주장이 제기되었다. 이 주장은 확실히 그 정치적 합목적성 위에서 재검토되어야 한다. 그러나 이러한 주장은 여기서 제시한 헌법 9조 2항의 폐지와 다름없는 개선안이다. 의회화의 실질적인 문제뿐만 아니라 제국 헌법 일반의 문제는 다른 연방주들의 헌법상의 권리보다는 오히려 헤게모니를 쥐고 있는 프로이센과 다른 주들과의 관계에 뿌리를 두고 있다.

제3장

의회화와 민주화

우리는 여기서 사회 민주화의 문제가 아니라 민주적인, 따라서 평등한 선거권의 문제를 의회주의와의 관계에서 다룰 것이다. 또한 당시 비스마르크의 혹독한 압력 아래 독일 제국에 평등 선거권을 도입하는 것이 정치적으로 유익할지에 대해서는 토론하지 않을 것이다. 여기서는 이러한 사실을 엄청난 충격 없이는 되돌릴 수 없는 것으로 무조건적으로 받아들이고서, 의회화가 이러한 민주주의적 선거권과 어떤 관계를 맺고 있는지 따져볼 것이다.

의회화와 민주주의는 반드시 철저하게 상호 의존적이지는 않아서, 종종 서로 대립된다. 최근에는 양자가 필연적 대립 관계에 있다고 믿는 사람들이 적지 않다. 현실적인 의회주의는 양당 제도에서만, 그리고 귀족적인 명사가 정당을 지배할 때에만 가능하다는 시각 때문이다. 실제로 영국의 과거 의회주의는 신분에 기원을 두고 있었기 때문에 선거법 개정 법안Reformbill[46] 이후부터 전쟁 이전까지도 현실적으로 대륙적인 의미에서 '민주주의적'이지 않았다. 선거권에 이미 그 답이 있다. 세금과 복수 투표권이 독일 상황에 도입된다면 현 사회민주당 의원의 절반 정도, 현재 인원보다 현저히 적은 수의 중앙당 의원이 의회의 자리를 차지할 만큼 영향을 미칠 것이다. (물론 독일에는 영국 의회에서 아일랜드인이 했던 역할을 할 만한 집단이 없다.) 그리고 체임벌린의 코커스 제도 전까지 영국의 양당은 철저하게 명사 클럽에 의해 지배되었다. 크롬웰 군대 내의 수평파에 의해 제기된 '1인 1표' 선거권과 여성 선거권의 요구가 통과된다면, 영국 의회의 성격은 확실히 크게 달라질 것이다. 이미 아일랜드인들에 의해 무력해진 양당 제도는 사회주의의 성장으로 더 몰락하게 될 것이고, 정당의 관료화가 한층 더 진전될 것이다──그 유명한 스페인의 양당제도 최초의 진정한 선거가 시도됨에 따라 몰락하는 것으로 나타났다. 스페인의 양당제는, 양당의 관직 지원자의 주기적 교대라는 의미에서 선거가 허용되는 정당 명사들의 확고한 관례에 의거하고 있었기 때문이다──그러나 그러한 변화가 의회주의를 제거할 것인가? 의회의 존재와 형식적 권력 지위는 민주적 선거권에 의해 위협받지 않는다. 이것은, 평등 선거권이 존재하며, 장관이 의회에서 완전히 충원되고 의회의 다수에 의존하는 프랑스와 다른 국가들에 의해 입증된다. 그러나 물론 프랑스 의회의 정신은 영국 의회의 정신과 완전히 다르다. 프랑스는 의회주의적 관점에서 민주주의의 전형적인 결과를 연구하기에 적당한 국가는 아니다. 상당수 국민의 강력한 프티 부르주아적 성격과 소액 연금생활자적 성격으로 인해, 정당에서 특수한 종류의 명사가 지배할 수 있고 특수한 종류의 금융 자본가가 영향력을 가질 수 있는 조건이 형성되었다. 물론 이런 종류의 인사들은 발전된 산업 국가에서는 존속하지 못한다. 프랑스의 정당 구조는 영국의 역사적인 양당 제도와 같은 그러한 상태에서는 생각조차 할 수 없는 것이다.

산업 국가에서는 현대 경제 계층이 부르주아와 프롤레타리아로 분열되고 사회주의가 대중의 복음으로 등장하기 때문에 양당제는 불가능하다. 이것은 특히 독일에서 이른바 '종파적' 한계를 낳는다. 소수 보호 정당으로서 가톨릭 조직이 중앙당 내에서 선거권 분할의 결과에 따라 현재와 같은 의석 수를 점유하고 있다면, 독일에서 이 조직이 배제되기는 극히 어렵다. 독일에서는 최소한 4개, 어쩌면 5개의 거대 정당이 상호 공존하고 있어서 정당 연합이 필연적이고, 영리하게 작동하는 왕실의 권력도 여전히 중요한 의미를 지니고 있다.

그러나 정당 내 명사의 지배는 교류의 단절과 가부장적 대토지 소유를 특징으로 하는 농업 지역 외부에서는 유지될 수 없다. 왜냐하면 선거에 승리하기 위해서 현대적인 대중적 선전은 정당 운영의 합리화, 예컨대 정당 관리, 정당 훈련, 정당 자금, 당보, 정당 선전을 요구하기 때문이다. 정당은 점점 더 엄격하게 조직화된다. 심지어 청년들을 하위 조직으로 만들고자 노력한다. 중앙당의 경우에는 교회 기구가, 보수당의 경우에는 상류 사회 환경이 자동적으로 이러한 역할을 맡았다. 다른 정당들도 예컨대 '민족자유청년'과 사회민주주의 청년단과 같은 특수한 청년 조직을 갖고 있었다. 그리고 마찬가지로 정당들은 정당을 위해 모든 경제적 이익 단체를 가동했다. 정당들은 협동조합, 소비조합, 노동조합을 조직했으며, 그 대표들을 이와 같이 만들어진 정당 부서의 관리로 임명했다. 정당들은 부분적으로 수백만 마르크를 지원해 웅변학교를 세우기도 하고, 전문적인 선동가, 편집인, 관리를 훈련시키는 다른 시설들을 세우기도 했다. 당 기관지도 나타났다. 전문 훈련 시설과 마찬가지로 자금원은 이해 관계자들의 기부금이었으며, 그 자본은 신문을 구독하고 사무실 등을 운영하는 데 사용되었다. 2만 마르크 이하의 돈을 사용하면, 격렬하게 접전하는 대선거구에서 당선되기는 거의 불가능하다. (현재 전쟁에 승리한 사업가들은 이른바 모든 종류의 '애국적' 정당 신문과 전후 최초로 실시되는 선거를 위한 준비에 이윤을 쏟아붓고 있다.) 정당 장치가 중요해지고 이에 발맞추어 명사의 의미는 쇠퇴했다.

아직도 이전의 상황이 진행 중이다. 부르주아 정당은, 앞에서 밝혔듯이 대체로 매우 다양하게 빈틈없이 조직되어 있으므로 다음과 같은 형태로 나타난다. 적극적인 지방 운영은 지역 명사가 부업식으로 담당하고 대도시는 관리가 운영한다. 중간 정도의 지역은 신문 편집인과 변호사가 사무실을 차지한다. 거대 지역은 지방을 순회하는 고정 봉급자인 중간 관리가 담당한다. 후보자 결정과 선거 구호 확정은 개별적으로 아주 다양하게 진행된 지방과 지역의 결사에 의해서 결정된다. 지역 결사는 특히 선거 연합과 결선 투표 합의를 요구할 때 함께 참여한다. 지역 지도자는 매우 다양하고 집약적인 노력을 통해 지역 정당 조직의 상임 구성원을 끌어모은다. 주요 수단은 공개 회의이다. 그들의 활동 정도는 경미하다. 그들은 회비를 납부하거나 당보를 정기 구독하고, 경우에 따라서는 정당 연사가 출현하는 회의의 자리를 채우기도 하고, 선거 때에는 적당하게 자원봉사를 하기도 한다. 이에 대한 보상으로 그들은 최소한 형식적으로나마 지역책과 대표 선거에 참여하고, 지역 크기에 따라서 전당 대회 대표단의 결정에 직간접적으로 참여하기도 한다. 그러나 모든 후보자는 대체로 항구적인 핵심 지도자와 관리에 의해 임명되며, 명성, 개인의 사회적 영향력 또는 특히 물질적 기부로 인해 유용하거나 존경받는 몇몇 명사로 채워진다. 하급 당원은 고작 긴 시차를 두고 행해지는 선거 지원과 투표, 그리고 지도자가 항상 결론을 준비해두는 토론에 참여할 뿐이다. 지역 지도자와 지역 관리의 완전한 교체는 극히 드물고, 교체가 있다 해도 거의 항상 인물을 둘러싸고 진행된 내부 반란의 결과이다. 마지막으로, 어떤 조직에도 속하지 않는 탓에 모든 정당들의 구애를 받는 일반 유권자는 거의 활동을 하지 않으며, 선거 때만 주목을 받거나 그 외에는 그들을 겨냥한 공개 홍보에 의해서만 주목받을 뿐이다. 위에서 기술한 사회민주당의 조직은 본질적으로 견고하며, 투표권자로 고려된 유권자를 상대적으로 다수 확보하고 있으며, 민주적 형식으로 훈련받았으며 중앙 집중화되어 있다. 우파 정당들은 느슨하며, 지역 명사 집단에 상당히 의존적이지만 매우 강력한 대중 조직인 농장경영자연합의 지원을 받고 있다. 중앙당의 경우는, 중앙 집중제와 권위적 리더십이 상당히 발달해 있다. 그럼에도 자주 설명했던 것처럼, 성직자의 권력은 교회 정치 외부 문제에는 영향력을 미치지 못한다.

이미 현재의 발전 단계에 의해 아래와 같은 옛 상황은 최종적으로 폐지될 수 있다. 선거가 공론가들에 의해 확립된 이념에 따라 행해지고, 신문과 자유 회의에서 선전되고 토론된 슬로건에 따라 행해지는 것, 후보자들이 특별 위원회에 의해 추천되는 것, 선출된 사람이 후에 정당에 가입하는 것, 의원 수로 계산된 이러한 의회 집단이 전국에 흩어져 있는 동지들의 지도자, 특히 다음 선거를 위한 슬로건을 형성하는 지도자가 되는 것 등은 사라지게 된다. 정당 *관리*는 도처에서 서로 다르기는 하지만 매우 빠르게 정당 전술의 추진 요소로 전면에 나선다. 그리고 정당 관리 외에 자금 조달

이 중요해진다. 재정 곤란은 사회민주당처럼 계급에 토대를 두고 있는 대중 조직에서 당연히 상대적으로 가장 커다란 역할을 하는 정규 당비를 요구하고, 또한 이전에 홀로 지배했던 정당 후원자를 다시 새롭게 등장시키고, 정당에 개입하도록 만든다. 심지어 사회민주당에도 정당 후원자가 전혀 없는 것은 아니다. 중앙당의 유일한 후원자인 티센A. Thyssen 씨는 용케도 현재 최소한 대주교와 동등한 사회적 역할을 요구하고, 이를 관철시켰다. 재정 원천으로서 후원자는 부르주아적 좌파에게 중간 정도의 중요성을 지니고 있고, 우파에게는 훨씬 더 중요한 의미를 지니고 있다. 그러나 후원자는 본성상 민족자유당이나 구 자유보수당과 같은 부르주아 중도 정당에게 가장 중요한 역할을 한다. 따라서 현재 이런 중도파 정당의 중도적 세력은 평등 선거권에 근거한 선거에서 이해 관계자에 의해 개인적으로 제공된 화폐의 중요성을 가장 손쉽게 입증해준다. 그리고 또한 이러한 정당들의 경우, 그 정당에 당연히 꼭 필요한 화폐만이 투표 수를 늘려준다고 할 수 없다. 이러한 정당들은 화폐 권력과 확장된 문필가들, 특히 비스마르크 시대의 향수를 정서적으로 고집하는 학문적 지식층과 학문 이외의 지식층의 적절한 결합에 의해 존재하고 있다. 유권자 수에 비해 지나칠 정도로 많은 부르주아 신문들은 정기 구독자로서 이들에게 관심을 가진다. 또한 전적으로 아무런 정견도 가지고 있지 않은 광고 신문들조차 희석된 형태이기는 하지만 이를 흉내낸다. 그렇게 하는 것이 관리와 사업 집단에 편리하기 때문이다.

이에 따르면 독일 정당의 내적인 사회 구조는 매우 다르기는 하지만, 다른 곳에서와 마찬가지로 여기에서도 관료화와 합리적인 재정 운영은 민주화의 동반자이다. 그러나 이것은 과거의 명사 정당 시절보다 훨씬 더 지속적이며 긴장된 활동을 요구한다. 오늘날 후보자가 가능한 한 자기 지역구의 작은 마을들에 일일이 들러 치러야만 하는 선거 연설은 방문, 보고 횟수, 당보를 위한 정당 통신원과 일상 보고에 대한 요구, 그리고 모든 종류의 홍보에 대한 요구와 마찬가지로 끊임없이 증가하고 있다. 선거 투쟁의 격렬함과 무자비함 또한 증가하고 있다. 이것은 종종 불평의 대상이 되었고, 정당의 특수성으로서 정당에게 책임이 있다. 정당 장치들뿐만 아니라 권력을 차지한 정부 장치도 이 사태의 공모자들이다. 이른바 '벨펜 기금Welfenfonds'[47]의 지원을 받은 비스마르크의 신문은 특히 1878년 이후 수단과 논조의 부도덕성에 있어서 타의 추종을 불허했다.[48] 지배적인 관직 장치에 전적으로 의존하는 지방 신문을 창간하려는 시도는 종결되지 않고 있다. 이러한 투쟁 수단의 존재와 질은 *의회화*의 정도와 아무런 연관이 없다. 또한 차등 선거권과도 아무런 연관이 없다. 이것은 순수하게 *대중* 선거 그 자체의 결과로서, 선거 단체가 정치적으로 책임을 지는 선출 장소가 될지의 여부, 아니면 독일에서 그랬던 것처럼 선거 단체가 소극적 이익 정치와 사례비 정치만을 쫓을지의 여부와는 전혀 관계가 없다. 특히 후자의 경우 정치 투쟁은 물질적 이익과 개인적 이익에 의해 규정되기 때문에 전체적으로 부차적인 형태를 취하곤 한다. 개인적인 명예, 특히 적대자의 사생활을 공격하는 정치 투쟁 방향과 사실이 아닌 선정적인 주장의 무분별한 확장은 엄격한 형법상의 보호로 퇴치할 수 있으며 퇴치해야 한다. 그러나 물질적인 이익을 결정하는 선거 단체가 존재하는 한, 투쟁 자체의 종류와 성격은 변할 수 없다. 그것은 의회의 의미와 수준이 하향된다고 해서 변하는 것이 아니므로 그것에 무조건 만족해야 한다. 의회에 대한 모든 심미적·도덕적 경멸은 국내 정치의 미래 형태라는 문제에 부딪히면 아무런 쓸모가 없다. 의회 안팎의 정치 운영 형태에 대한 정치 투쟁 수단과 투쟁 조직의 이러한 점진적 민주화가 어떤 결과를 가져올 것인가? 정치 문제는 오히려 바로 이것이다. 방금 기술된 발전은 앞에서 설명했던 의회 활동의 형태와 밀접하게 연관된다.

그러나 의회 안팎에서 특징적인 인물, *직업 정치가*가 요구된다. 그는 최소한의 이념을 갖고 있으며, 대부분의 경우 물질적 이익을 추구하며, 정당 내의 정치 운영을 자기 삶의 내용으로 삼는 사람이다. 이런 인물을 좋아할 수도 있고 증오할 수도 있지만, 직업 정치가는 현재 대중 선거에 근거한 정당 정치 활동의 합리화와 전문화의 필연적 산물이다. 의회화에 의해 여기서 다시 어느 정도의 정치적 영향력과 책임감이 정당의 수중으로 넘어갔는지는 전적으로 중요하지 않다.

직업 정치가에는 두 종류가 있다. 첫째, 물질적 측면에서 정당과 정치 활동에 '*의해서*' 살아가는 사람이다. 미국의 상황에서 이러한 인물은 크고 작은 정치 '기업가' 즉 보스들이다. 독일에서 이러한 인물은 정치 '노동자' 즉 봉급을 받는 정당 *관리*이다. 둘째, 정치를 '*위해*' 살아가는 사람으로, 자신의 재산으로 일을 할 수 있으며, 자신의 양심에 따라 활동한다. 따라서 거대한 후원자이기도 했던 사회민주당의 징거Paul Singer[49]가 그랬던 것처럼, 이들은 이념적 측면에서 자신의 삶을 정치로 영위하는 자들이다. 이렇게 보면 정당 관리에게도 다소 '이상주의'가 있음을 부정할 수 없다는 것이 명백해진다. 최소한 좌파에서는, 반대로 다수의 탁월한 정치적 인물이 정당 관리 중에서 발견된다. 이런 인물은 다른 층에서는 결코 발견하기 힘들다. 따라서 이상주의가 어떤 인물의 재산의 기능과 밀접하게 연관되어 있지는 않지만 그럼에도 재산을 소유한 정당 구성원이 정치를 '*위한*' 생활에 접근하기 훨씬 쉽다. 경제적으로 자립적인 상층이든 하층이든 이러한 요소는 정당 생활을 위해 가장 바람직한 것이고, 아마 미래에도, 특히 급진 정당에서도 사라지지 않을 것이다.

물론 오늘날 정당은 그들에 의해서만 운영되는 것이 아니다. 의회 밖의 엄청난 양의 일은 항상 정당 관리에 의해 수행된다. 그러나 이미 그들은 운영에 의해서 정당을 선점하고 있기 때문에, 이러한 정당 관리는 의회를 위한 적절한 후보자들이 결코 아니다. 이것은 〔오히려〕 비교적 커다란 범주에서 사회민주당에 적합하다. 이와 반대로, 대부분의 부르주아 정당에서 관직과 연관된 정당 중간 관리는 결코 의회를 위한 가장 적합한 후보자가 될 수 없다. 정당 관리가 독자적으로 지배하고 있다면, 의회 내부에서 정당 관리의 대표가 절대적으로 바람직하거나 유용할지라도 그 정당 관리는 바람직하게 작동하지 않는다. 그러나 그러한 지배는 가장 강력하게 관료화된 정당인 사회민주당에도 존재하지 않는다. 게다가 정당 관리는 현실 지도자에게 불리한 '관리 정신'의 지배의 위험을 상대적으로 가장 적게 야기한다. 이 위험은 득표할 때 현대 이익 조직을 고려해야 하는 필요성을 의미한다. 다시 말하면 이 위험은 비례 대표 선거권이 일반적인 명부식 형태로 진행될 경우 본래 증가하는 현상으로, 이익 조직의 피고용인들을 정당의 후보자로 올리는 것을 말한다.[50] 그와 같이 순수한 피고용인으로 구성된 의회는 정치적으로 무기력하다. 정당 또는 노동조합과 같은 조직의 피고용인의 정신은 대중을 둘러싸고 투쟁하는 훈련을 받았기 때문에, 문서 사무실에서 평화롭게 노동하는 국가 관리의 정신과는 본질적으로 다르다. 따라서 급진적인 정당, 특히 사회주의 정당의 경우 관료제 정신에 의한 위험은 상대적으로 극히 적다. 왜냐하면 사회민주당 내에서는 정치 투쟁이 격렬하게 발생했으며, 이 격렬한 투쟁으로 인해 사회민주당은 이익 소유층의 정당으로 전락하지 않았기 때문이다. 그럼에도 사회민주당에서 정당 *관리*는 적절한 지도자의 한 부류였다.

정치 운영이라는 당면한 요구의 본성으로 인해 모든 민주화된 의회와 정당에서 한 종류의 직업, 즉 *변호사*가 국회의원의 충원을 위해 특히 중요한 역할을 떠맡게 된다. 변호사는 법에 관한 지식, 더 중요하게는 고용된 법률가의 관직과 대립해 갖고 있는 *투쟁*을 위한 훈련, 순수하게 물질적 계기인 독자적 *사무실*을 소유하고 있다는 점들이 중요하다. 독자적 사무실은 현재 직업 정치가에게 무조건적으로 요구되는 것이기 때문이다. 다른 모든 자유 기업가들은 그 운영에서 특히 '불가결한' 노동 때문에 규칙적인 정치 활동의 점증하는 요구에 대응하지 못하며, 직업 정치가가 되기 위해 자신의 직업을 포기해야만 한다. 반면 변호사의 경우에는 변호사에서 직업 정치가로의 전업이 기술적인 면에서나 내적인 면에서 비교적 쉽다. 의회 민주주의에 있어서 '변호사 지배'는 자주 게다가 부당하게 불평의 대상이 되어왔지만, 현재 독일의회가 그런 것처럼 의원이 사무실, 사실 정보, 사무실 인력을 불충분하게 공급받을 때 본의 아니게 의회 민주주의에 도움이 되었다.[51] 그럼에도 의회 운영의 이러한 기술적 측면에 대해서는 여기서 논의하지 않을 것이다. 오히려 민주화의 압력 하에서, 그리고 직업 정치가와 정당 관리와 이익 집단 피고용인의 점증하는 중요성의 압력 아래 정당 내 지도력이 어떤 방향으로 발전할 것인가, 이것이 의회에 어떤 영향을 미칠 것인가에 관해 다루도록 하자.

독일의 대중적인 문필가들은 '민주화'의 효과를 성급하게 취급해, 선동가가 정상에 오를 것이며, 성공적인 선동가란 대중에게 구애하는 수단 부분에서 가장 부도덕한 자라고 결론짓는다. 삶의 현실을 이상화하는 것은 목적을 상실한 자기기만이다. 선동가의 중요성이 점증한다는 단점은 이와 같은 부적절한 의미에서도 적지 않게 적확하며, 그 *적절한* 의미에서도 실제로 적확하다. 부적절한 의미에서 선동가는 군주제의 효과와 관련해 유명한 장군이 몇십 년 전 '당신의 황제는 곧 협잡꾼들에게 둘러싸일 것이다'라고 표현한 것과 마찬가지로, 민주주의에도 그대로 적용된다. 민주적 선출에 관한 객관적 고찰은 항상 또 다른 조직과 그 선출 제도와의 비교를 포함할 것이다. 최고 관리 집단을 포함해 관료제 조직의 인물을 조금만 검토해보아도, 상사, 특히 *빠르게* 승진한 상사가 그 지위를 '차지할 만하다고' 부하 직원이 마음으로 인정하는 경우는 극히 드물고, *예외*적일 뿐이다. 이러한 톱니바퀴 내부의 성실한 대다수 관리들은 인사 배치의 지혜, 그 지위를 이끌어나가는 동기, 특히 성공한 관직 점유자가 그 지위를 달성하는 데 사용했던 수단에 대해 심각하게 회의적이다. 대부분 말없는 이 같은 비판은 그것에 관해 아무것도 알지 못했던 대중과는 거리가 먼 내부에서 진행되었다. 그러나 누구나 주위에서 겪을 수 있는 무수히 많은 경험에서 보건대, 장치에 대한 순응성의 정도, 즉 상사에 대한 부하 직원의 편리함의 정도가 승진을 가장 확실하게 보장하는 자질이라는 것을 알 수 있다. 평균적으로 말한다면, 선발된 사람은 타고난 지도자에 속하는 인물이 아니다. 학문적 영역에서는 업적을 제출한다는 점에서, 관직에서 일반적으로 존재하지 않는 공개적 통제가 뚜렷한 편임에도 불구하고, 정통한 소식통들은 학문적 인사 배치와 연관된 몇몇 경우에 대해서도 심각하게 회의적이다.

그러나 이와 반대로 정치가, 특히 공적 권력을 차지한 정당 지도자는 적대자와 경쟁자들에 의한 철저한 검사에 노출되며, 그 투쟁 과정에서 그의 상승을 뒷받침했던 동기와 수단도 무자비하게 공개된다. 객관적인 고찰에 따르면, 정당 선동 정치에 의한 충원은 관료제의 은폐된 배후에서 이루어지는 선출에 비해 유용한 기준에 따라 지속적으로, 그리고 광범위하게 행해진다는 결론이 도출된다. 그 반대의 증거로는 미국과 같은 정치 신생 국가의 예를 들 수 있다. 그러나 유럽 내 독일 같은 경우에 이는 단순하게 적용되지 않는다. 전쟁 초의 전적으로 부적합한 총사령관52이 군주의 지도자 충원 능력에 반하는 논거로 제시되지 않는다면, 민주주의에 반하는 충원상의 대실수를 주장하는 것은 수용되지 않는다.

그러나 정치적으로 쓸모 없는 이런 비교와 반격의 비난을 여기서 다시 주의 깊게 조사하지는 않을 것이다. 중요한 것은, 정치적 지도력을 위해 정치 투쟁에서 충원된 사람들만이 훈련을 받았다는 점이다. 모든 정치는 본질적으로 투쟁이기 때문이다. 평균적으로 본다면, 전문 행정을 위해 끊임없이 우수한 훈련을 받은 사무원보다 상당히 많은 비판을 받는 '선동가 장인'이 정치를 훨씬 더 잘한다. 확실히 상당한 부조화가 없는 것은 아니다. 영혼과 정치적 특성이 없는 단순한 연설 기술자가 강력한 정치 권력을 획득할 수도 있다. 그러나 이런 특징은 베벨August Bebel[53]에게는 적용되지 않는다. 그는 확실히 영혼을 갖고 있지는 않았지만 특징은 갖고 있었다. 그는 박해, 사회민주당 최초의 지도자 가운데 하나였다는 우연, 그러나 이것 외에도 개인적 자질로 인해 정신적 측면에서 훨씬 더 중요한 정당의 동료들조차 견줄 수 없을 정도로 대중의 무한정한 신뢰를 받았다. 리히터, 리에버Ernst Lieber,[54] 에르츠베르거, 이들 모두가 그와 유사한 유형이다. 이들은 연설가로서의 엄청난 대중적 성공에도 불구하고 정당 권력을 획득하지 못했던 강력한 정신과 기질의 소유자들과 반대로 성공한 '선동가'들이다. 이것은 *결코 우연이 아니다.* 그러나 이것은 민주화의 결과가 아니라 '소극적 정치'에 자연스럽지 못하게 국한된 결과이다. 민주화와 선동 정치는 쌍을 이루고 있다. 그러나 대중이 더 이상 행정의 수동적 대상으로 취급될 수 없고 그 태도에 있어서 능동적으로 중요한 한, 민주화와 선동 정치는 헌법의 종류와 *아무런 관계가 없다*. 물론 현대 군주들도 그 방식에 있어서 선동 정치의 길로 접어들었다. 현대 군주들은 자신들의 위신을 위해 연설, 전신, 선전 등 모든 장치를 이용한다. 이런 종류의 정치적 선전이 *국가* 정치의 측면에서 가장 열정적인 선거 선동 정치보다 다소 덜 위험한 것으로 입증되었다고 주장할 수는 없다.

그리고 우리는 이제 전쟁에서 해군 대장의 선동 정치라는 다소 생소한 현상을 경험했다. 전임 제국 수상[55]과 해군 대장 티르피츠von Tirpitz의 관직 투쟁은 국내 정치 이익과 연관된 지지자들에 의해서 야만적 선동의 형태로 공개되었다. 그 결과, 가장 정통한 전문가들에 의해 결정되어야 할 군사 기술 문제와 외교 문제[56]가 *이 같은 경우에* 실제로 '판단력을 상실한' 대중 사이에서 선동 정치의 대상이 되었다. 따라서 '선동 정치'가 정치적 의미에서 민주적 국가 형태의 속성이라고 주장할 수는 없다. 1918년 1월의 장관 후보를 둘러싼 관직들 간의 역겨운 투쟁과 음모가 신문과 대중 집회에서 다시 진행되었다. 이러한 선동 정치가 미친 영향은 간과할 수 없는 것이었다. 우리는 독일에서 *민주주의 없는*, 아니 오히려 *체계적인 민주주의의 부재*로 인한 선동 정치와 대중의 영향을 경험했다.

그러나 여기서는 다만, 정치적 지도력의 구성을 위한 선동 정치의 실제적인 의미를 논하고자 한다. 따라서 민주주의와 의회주의가 서로 어떤 관계를 맺고 있는가 하는 문제가 제기될 것이다.

능동적인 대중 민주화란, 정치 지도자가 명사층 집단 내에서 자신의 존재를 증명하고 있기 때문에 후보자로 선언되는 것이 아니라 의회 내에서 두각을 나타냈기 때문에 지도자가 되는 것을 의미하지만, 한편 그가 *대중* 선동적 수단으로 자신에 대한 대중의 신뢰와 믿음, 그리고 권력을 획득하는 것을 의미한다. 이것은 본질적으로 지도자 선출의 *카이사르적* 전환을 의미한다. 그리고 실제로 모든 민주주의는 이런 경향을 띠고 있다. 특수한 카이사르적 수단이란 바로 인민 투표 Plebiszit이다. 이것은 일반적인 '선거'나 '투표'가 아니라, 이러한 동의를 요구하는 자의 지도자적 사명에 대한 '믿음'의 고백을 의미한다. 이러한 지도자로는 두 가지 유형이 있다. 첫째, 군사 기술적 노선으로 나폴레옹 1세처럼 인민 투표에 의해 지위를 인정받아 군사 독재자로서 최고의 지위에 오른 사람이 있다. 둘째, 부르주아적 노선으로, 나폴레옹 3세처럼 지배 요구의 인민 투표적 확증에 의해 군대에 순응한 비군사적 정치가로서 최고의 지위에 오른 사람이 있다. 이 두 노선은 (당연히) 세습 군주제의 정통주의와 마찬가지로 의회주의

원리와 전적으로 긴장 관계를 이룬다. 최고 권력자를 선출하는 모든 종류의 직접 인민 선거, 나아가 의회가 아닌 인민의 신뢰에 근거하는 모든 종류의 정치 권력의 지위, 즉 힌덴부르크Hindenburg 같은 전쟁 영웅의 권력 지위는 순수한 형태의 카이사르적인 승인으로 이어진다. 특히 (형식적인) '민주주의적' 지명과 선거에 의해 정당화된 미국 대통령의 권력 지위는 당연히 의회보다 우월한데, 이는 이 같은 선거에서 기인한다. 비스마르크가 형식과 상투어에서 관직 임명 시 정통주의적 조건을 수용하고 있음에도 불구하고, 그와 같은 카이사르적 인물이 평등 선거권에 걸었던 희망과 그의 반의회주의적 선동 정치의 방식은 동일한 방향으로 나아갔다. 비스마르크가 관직에서 퇴임한 것은 군주의 세습 정통주의가 이러한 카이사르적 권력에 어떻게 반응했는가를 보여준다.

모든 의회 민주주의는 의회 권력을 위협하는 지도자 선출 방법을 의도적으로 제거하고자 한다. 이것은 특히 현재의 프랑스 헌법과 프랑스 선거법(불랑제Boulanger 장군 지지 세력의 위협 때문에 명부식 선거 재폐지)에서 작동하고 있다. 프랑스는 이로 인해 대중 내 최고 권력 권위의 부재라는 대가를 치러야 했다. 이는 프랑스의 독특한 특징으로, 미국 대통령의 권력 지위와는 커다란 대조를 이룬다. 한편, 민주화된 세습 군주제 내에서는 카이사르적 인민 투표의 요소가 현저히 완화된다. 그러나 없는 것은 아니다. 현재 영국 수상[57]의 지위는 본질적으로 의회와 그 정당의 신뢰에 의거하는 것이 *아니라*, 그 나라의 대중과 전쟁 중인 군인에 의거하고 있다. 그러나 의회는 (내적으로 완전히 혐오스러울 정도로) 그 상황에 순응하고 있다. 따라서 인민 투표에 의한 지도자 선출과 의회에 의한 지도자 선출이 대립하고 있다. 그러나 이 때문에 의회의 존재가 무가치해지는 것은 아니다. 왜냐하면 대중의 (본질적으로) 카이사르적인 대표에 반하여, 영국에서 의회의 존재는 ① 그 권력 지위의 항구성 ② 통제성 ③ 카이사르적 대표에 반하는 시민권리 보장의 유지 ④ 의회 활동 내에서 대중의 신뢰를 얻고자 하는 정치인의 정치적 *검증*의 체계적 형식 ⑤ 카이사르적 독재자가 대중의 신뢰를 *상실했*을 경우 이러한 독재자의 평화적인 *제거* 등을 보장했기 때문이다. 그러나 민주주의에서조차 중대한 정치적 결정은 극소수 사람들에 의해 행해진다는 *이러한* 불가피한 조건으로 인해, 대중 민주주의는 펠리클레스 시대 이후 지도자 선출의 카이사르적 원리에 적잖게 양보를 하고서 실제로 승리를 거둘 수 있었다. 예를 들면 미국의 거대 도시에서 부패는 대중의 신뢰를 바탕으로 행정부를 구성할 권리를 부여받은, 인민 투표에 의한 도시 독재자에 의해서만 억제되었다. 그리고 대중 민주주의적 정당은 커다란 임무에 맞닥뜨릴 경우, 대중의 신뢰를 받고 있는 지도자에게 다소 무조건적으로 복종해야 한다.

이러한 조건의 관점에서 대중 민주주의에서는 *의회*에 어떤 중요성이 부여되는지 영국의 예를 통해 이미 설명했다. 그러나 의회 운영을 증오하는 정직한 '사회주의자들'뿐만 아니라 정직한 '민주주의자들'도 있다. 이들은 '의회 없는 사회주의' 또는 '의회 없는 민주주의'를 목표로 삼는다. 현저한 반감은 물론 '자가당착'이 아니다. 실제 결과에서 추진되어온 이 반감이 오늘날 무엇을 의미하는지 해명해야 한다. 그리고 또한 이 반감이 독일의 군주제적 국가 질서의 조건에서 무엇을 의미하는지 당연히 해명해야 한다. 관헌 국가적 관리 권력으로 구성된 이러한 독일의 헌법에서 어떤 의회주의도 없는 민주주의는 무엇을 의미할 것인가? 다만 그러한 *수동적 민주화*는 우리가 잘 알고 있는, '군주제적 통치'라고 명명되었던 통제로부터 *자유로운 관리 지배*의 순수한 형태일 뿐이다. 또는 이러한 '사회주의자들'이 기대하는 경제 조직과 연관해서 본다면, 고대의 '지도 재촉형 국가Leiturgiestaat'가 현대에 합리적으로 재생된 것이다. 국가 관료제에 의해 정당화되고 (소위!) 통제를 받던 이익 집단은 능동적인 면에서 신디케이트적 자치 행정의 담지자가 되고, 수동적인 면에서 국가 업무의 담지자가 된다. 관리들은 이 같은 신디케이트적인 이익 집단에 의해 통제를 받지만, 능력 없는 군주나 대표권을 상실한 국가 시민에 의해서는 통제를 받지 않는다.

이러한 미래의 관점을 조금 더 면밀히 검토해보자. 수동적인 민주화의 완성은, 광범위한 국유화가 진행된 것임에도 불구하고 예측 가능한 미래에 사적 경제 기업가의 폐지로 이어지지는 않을 것이다. 그러나 거대 자본가의 조직과 소규모 자본가의 조직, 소규모 무소유 생산자의 조직과 임금 노동자의 조직이 각 집단의 이익을 조정하고, 그리고—— 요점 사항!——독점적으로 통제한다. 이것은 고대 이집트의 '신(新) 왕국'과 동일한 의미에서의 '사회주의'이다. 대중의 의지가 이와 같이 신디케이트화된 경제 행위 방식에 결정적인 영향을 미친다면 이것은 '민주주의'일 것이다. *대중의 권력을 보호하고 신디케이트를 끊임없이 통제하는 대표*, 즉 이러한 행정의 객관적이며 인간적인 관계에 개입하는 민주적인 의회 없이 이것이 어떻게 이루어질 수 있단 말인가? 현재의 유형과 같은 인민 대표가 *없다면*, 신디케이트화된 경제에 의해서 *안전한 생계*를 위한 길드적 정책이 발달함에 따라 경직된 경제가 진행되고, 경제 합리화에 의해 발생한 이익이 제거될 것이다. 어느 국가에서든 자본이 없거나 취약한 이익 집단이 일단 독점적으로 조직되면, 이러한 집단은 길드적 생계 보장에 대한 관심을 결정적으로 중요한 것으로 여기게 되기 때문이다. 그렇게 하고자 하는 사람은 그것을 '민주적인' 또는 '사회주의적인' 미래의 이상으로 여기려 한다. 앞으로 재화의 생산이 현재처럼 *이윤*이 아닌 수요에 따라 진행된다는 것은 매우 경박한 아마추어적 문필가들의 생각이다. 이는 이윤 이익 집단과 임금 이익 집단의 카르텔화를 현재 종종 대변되는 이상과 혼동하는 것이다. 이러한 혼동은 재차 나타날 것이다. 왜냐하면 이러한 마지막 이상을 실현하기 위해서, *이윤* 이익의 신디케이트화와 독점화에서 출발하는 것이 아니라 정반대로 소비자 이익의 조직화에서 출발하는 것이 명백하게 요구되기 때문이다. 미래의 경제 조직은 국가에 의해 조직된, 강제 카르텔, 강제 길드, 강제 조합의 형식으로 설립되는 것이 아니라 거대한 강제 소비조합의 형식으로 구성되어야 할 것이다. 이 경우 생산의 방향은, 이미 소비조합에서 (독자적 생산에 의해) 시도되고 있는 것처럼 수요에 따라 정해져야 한다. 또한 '민주주의적'인 이익, 즉 소비자 대중의 이익이 재화 생산을 계속 결정적으로 통제했던 의회 이외의 다른 어떤 것에 의해 어떻게 보장될 것인지 예측할 수 없다.

그러나 이러한 환상만으로도 충분하다. 물론 의회의 현재 형태에 상당한 반감을 갖고 있는 어떤 민주주의자도 현실적으로 의회의 완전 폐지를 진지하게 요구한 적이 없다. 의회는 *행정 공개의 강제*, *예산 확정*, 그리고 마지막으로 법안 심의와 통과의 기관——실제로 모든 민주주의에서 대체할 수 없는 기능——으로서 모든 측면에서 존속할 것이다. 의회에 대한 반대가 민주적인 한, 항상 그랬던 것처럼 *관료제적* 권력 이익의 불성실한 은폐 장치가 아닌 한, 오히려 이러한 반대는 본질적으로 두 가지를 요구한다. 첫째, 의회의 결의가 아닌 관헌 국가적 인민 투표가 법 제정에 결정적일 것을 요구한다. 둘째, 의회 *제도*가 존속하지 않을 것, 의회가 지도적 정치가의 충원 장소가 되지 않을 것, 의회의 신뢰나 불신이 관리의 관직 유임에 결정적이지 않을 것을 요구한다. 주지하다시피 이것은 미국 민주주의에서 이미 확립된 규칙이다. 미국에서 이것은 부분적으로는 국민 선거[58]에 의한 국가 수장과 또 다른 관리의 선출에서, 부분적으로 이른바 '권력 분립'의 원리에서 나온다.

그러나 미국 민주주의의 경험에 따르면, 이러한 방식에 의한 의회주의의 제거도 의회 제도와 마찬가지로 공평하고 청렴한 행정을 최소한의 보장도 하지 못했다. 매우 분명한 것은 오히려 그 반대라는 것이다. 우리는 국민 선거로 국가 수장을 선출하는 데 대체로 어떤 나쁜 경험도 하지 않은 것이 사실이다. 어쨌든, 지난 세기 동안 현실적으로 부적합한 대통령의 숫자는 세습 군주제의 부적합한 지도자의 숫자보다 적어도 많지 않았다. 이와 대조적으로 미국인들은 한정된 범위에서의 국민 선거에 의한 관리 선출 원리에 전적으로 만족했다. 일반적으로 적용될 경우 이 원리는 관료제라는 기계를 기술적으로 특징짓는 관직 훈련을 제거하지 못할 뿐만 아니라, 근대 거대 국가에 광범위하게 적용될 때 관리의 자질에 대해 어떠한 보증도 못한다. 이 원리에 따르면, 관직 후보 선출은 의회 제도와는 반대로 의회의 정당과 그 지도자에 비해 눈에 보이지 않으며 대중에 대해 상당히 무책임한 도당(徒黨)의 수중으로 넘어간다. 이 도당들은 후보자들을 전문적으로 훈련받지 않은 유권자에게 내놓는다. 이는 기술적 전문 자질을 요구하는 행정 관료를 채우는 가장 부적합한 방법이다. 미국에서 선출된 국가 수장에 의해 *임명된*, 전문적으로 훈련받은 관리는 기술적 측면에서, 그리고 청렴성과 연관해서 비교할 수 없을 정도로 우수한 기능을 한다. 특히 가장 현대적인 행정 요구와 관련해 우수하고, 또한 재판관의 경우에도 그렇다. 결국 *전문 관리*의 선출과 *정치 지도자*의 선출은 *서로 다른 것*이다. 이와 대조적으로 미국 몇몇 주에서는, 권력을 상실하고 *이 때문에* 부패한 의회에 대한 불신이 인민의 직접 입법의 확장으로 귀결되고 있다.

선거의 수단이자 입법의 수단으로서의 국민 투표[59]는 기술적 속성에서 비롯된 내적 한계가 있다. 국민 투표는 '예' 또는 '아니오'만으로 답하기 때문이다. 예산 확정과 같은 의회의 가장 중요한 기능을 국민 투표에 할당한 국가는 어디에도 없다. 규모가 큰 거대 국가에서 국민 투표는 대립된 이익을 조정하려는 목적에서 나온 모든 법안의 통과를 막을 것이다. 왜냐하면 현존하는 이익 대립을 토의에 근거해 해소할 수단이 없다면, 서로 다른 이유로 '아니오'라는 대답이 나올 수 있기 때문이다. 거대 국가가 현저한 지역적, 사회적, 종파적 모순, 또 다른 내적 구조의 모순으로 구성되어 있음에도 불구하고 국민 투표는 대다수의 법이 의존하는 *타협*을 알지 못한다. 진보적인 수입세, 재산세, '국유화' 이외의 다른 세법이 강력한 계급 대립을 안고 있는 거대 국가에서 어떻게 국민 투표를 통해 통과될 수 있을지 상상하기 어려운 일이다. 사회주의자들에게 이러한 결과는 그리 놀랍지 않을 것이다. 국민 투표의 압력을 받은 국가 장치가 명목상으로 매우 고상하며 부분적으로 몰수적인 재산세를 *사실상* 통과시킨 어떤 예도 알려져 있지 않다. 이러한 예는 미국에도 적용되지 않으며, 오랜 전통에 의해 객관적으로 생각하고 정치적 훈련을 받은 주민들로 구성된 스위스 칸톤의 우호적 조건에도 적용되지 않는다. 그리고 인민 투표의 원리는 정치 지도자의 중요성과 관리의 책임성을 약화시킨다. 인민 투표를 통해 주도적 관리의 제안을 거부함으로써 관리들을 거부한다고 해서, 의회 국가의 불신임 투표에서처럼 관리가 퇴임당하는 것도 아니고 퇴임당할 수도 없다. 왜냐하면 소극적 투표는 그 동기를 드러내지 않으며, 정부에 반대하는 표를 던지는 의회 다수파처럼, 소극적으로 투표하는 대중에게 신뢰를 받지 못하는 관리를 책임감 있는 지도자로 대체하라는 의무를 강요하지 못하기 때문이다.

마침내 국가 관료제가 고유한 경제를 통제하면 할수록, 전능한 관리에게 공개적인 표현과 답변을 요구하고 그들을 문책하는 권력을 소유한 의회와 같은 독립적인 통제 조직의 부재가 점점 더 치명적으로 느껴진다. 거대 국가 내에서 순수한 인민 투표적 민주주의의 특수한 수단, 예컨대 국민 직접 선거와 투표, 해임을 위한 국민 투표는 전문 관리의 선출과 그들에 대한 비판의 수단으로 부적합하다. 그리고 의회 선거 시 정당 운영 차원에서 이해 관계자들의 화폐의 중요성이 결코 작지 않기 때문에, 거대 국가라는 상황에서 국민 선거와 투표가 전적으로 지배한다면 화폐의 권력과 지원을 받은 민중 선동적 장치의 추진력이 거대하게 성장할 것이다.

의회 국가의 시민이 정당 조직이 인쇄하여 제공한 선거 용지를 몇 년마다 한 번씩 투표함에 던지는 것 외에 정치적으로 무엇을 했냐고 비난받아왔다면, 의무적인 국민 선거와 투표는 전혀 다른 역할을 해왔다. 이것이 정치 교육인지 아닌지 문제를 던져보자. 시민들로 하여금 자신들의 일이 어떻게 관리되고 있는지 지속적으로 감시하는 습관을 갖게 하는 행정 공개와 통제라는 앞서 설명한 조건에서 이것은 분명히 정치 교육의 수단이었다. 그러나 의무적인 국민 투표는 서너 달 안에 수차례나 법과 관련된 투표함에 투표하라고 국가 시민을 불러들인다. 그리고 의무적인 국민 선거는, 시민이 개인적으로 알지 못하고 또한 관직에 요구되는 *전문적 자질*을 판단할 수도 없는 관직 후보자들의 긴 명부를 보고 투표하라고 시민에게 강요한다. 이제 군주 또한 갖지 못한 전문 자질의 부족은 확실히 민주적인 관리 선출에 반대하는 논거가 결코 아니다. 신발이 죄는지 안 죄는지 알기 위해서 제화공이 될 필요는 없다. 유권자가 관리들을 지명한 정당 대표들로 하여금 자신들의 행위에 책임을 지게 만드는 의회 제도와 반대로, 국민 선거에 의해 선출된 전문 관리가 무관심의 위험과 현실적으로 잘못된 행정을 책임지는 사람과 연관된 잘못된 지도를 책임지기에는 너무 과중하다. 이러한 관점에서 발전된, 전문 관리로 이루어진 유럽 국가들의 조건은 미국의 조건과는 본질적으로 다르다. 미국에서는 국민 투표가 불가피한 하위 입법의 부패를 막는 유일한 보완책으로 평가받기 때문이다.

이러한 논의는 스위스의 조건과는 다른 거대 국가라는 조건에도 불구하고, 적절한 경우 최후의 수단으로 국민 투표를 적용하는 데 반대하려는 것은 아니다. 그러나 거대 국가의 경우 강력한 의회는 국민 투표를 불필요한 것으로 만들지 않는다. 관리 통제와 행정 공개의 조직으로서, 부적합하게 지도하는 관리를 제거하는 수단으로서, 예산 확정 수단으로서, 정당 타협의 도입 수단으로서 의회는 선거 민주주의에서도 불가피하다. 세습 군주제에서도 전적으로 불가피하다. 세습 군주는 선거에 의해 선출된 순수 관리와 함께 일할 수도 없으며, 그가 관리를 임명하는 경우 정당을 편들 수도 없기 때문이다. 군주가 특정 정당을 편들면, 정치적 분위기와 권력 균형이 뚜렷하지 않을 때, 갈등 없는 해결이라고 하는 군주의 특수한 국내 정치적 기능이 손상되기 때문이다. '카이사르적' 지도자에 대한 견제 외에, 의회 권력은 세습 군주에게서도 불가피하다. 어느 정도 일반적으로 대중이 인정하는 대표가 오랫동안 없기 때문이다. *계승*의 문제는 대체로 모든 순수한 카이사르적 지배의 아킬레스건이다. 강력한 대의체의 효과적인 공동 지배가 부르주아적 질서의 정치적 지속성과 헌법적인 보장을 파괴시키지 않고 올바르게 유지하고 있을 때, 내부의 파멸적 위험 없이는 카이사르적 지도자의 성장, 제거, 몰락이 일어나지 않는다.

의회에 적대적인 민주주의자들에게 정말로 충격을 주는 것은, 정당에 의한 정치 운영과 의회 정당이 현저하게 *자의적*이라는 점이다. 실제로 우리가 보아온 대로, 이러한 제도에서 '능동적'인 참여자와 '수동적'인 참여자는 정치 생활에서 양 극단에 놓여 있다. 정치 운영은 *이해 관계자*의 몫이다. ('이해 관계자'란 모든 국가 형태에서 다양하게 정치에 영향을 미치는 물질적 이해 관계자를 말하는 것이 아니라, 특정한 정치 이념을 실현하기 위해 정치 권력과 책임을 떠맡고자 하는 모든 정치적 이해 관계자를 말한다.) 이러한 이해 관계자의 운영이 바로 본질이다. 왜냐하면 정치적으로 수동적인 '대중'이 자신들 가운데서 지도자를 만들어내는 것이 아니라, 정치 지도자가 추종자를 모아 '선동 정치'로 대중을 끌어모으는 것이기 때문이다.

이것은 모든 민주주의 국가 형태에서 사실적으로 나타난다. 따라서 반대 문제, 즉 완전히 발전된 대중 민주주의 정당들은 지도자의 비약적 상승을 허락하는가 하는 문제에 훨씬 더 합당하다고 생각된다. 정당들은 새로운 생각을 흡수할 준비가 되어 있는가? 그것들은 국가 장치와 전적으로 유사하게 관료화에 예속된다. 소속 기구와 신문을 갖춘 전적으로 새로운 정당은 오늘날 너무 많은 재정과 노동 소비를 요구하며, 현존 언론의 확고한 권력 지위에 대응하기 힘들어 생각조차 할 수 없는 형편이다.[60] 그러나 현존 정당은 진부하다. 정당 관리의 지위는 현직의 '존속'을 보장한다. 정당의 이념은 대체로 선동 문건과 정당 신문에 실려 있다. 참여했던 출판가와 저자의 물질적 이익은 이념의 변형에 의한 이러한 저작의 가치 폄하에 저항한다. 그리고 정당에 의해 먹고 사는 직업 정치가들은 사상과 슬로건의 '이념적' 소유, 즉 자신의 정신적 무기가 탈가치화되는 것을 원하지 않는다. 따라서 미국처럼, 이념이 없는 순수한 관직 정실 인사 정당이 선거에서 견인력을 기대할 수 있는 '항목'을 정당의 '강령'에 새롭게 집어넣을 수 있는 국가에서 정당은 새로운 이념을 비교적 신속하게 수용할 수 있다.

새로운 지도자의 비약적 상승은 훨씬 더 힘들어진다. 오래전부터 독일 정당의 정점에는 대개 인간적으로 가장 존경받을 만하지만 정신적으로나 정치 기질적으로 두각을 나타낼 수 없는 지도자들이 있었다. 이미 언급했듯이 새로운 지도자에 대한 길드적 분노가 이 사태의 본질이다. 또한 정당 내의 관계도 미국의 것과는 부분적으로 다르다. 미국에서는 정당 *내부의* 권력 소유자, 즉 보스는 상당히 안정적이다. 그들은 명예나 책임이 아닌 권력을 갈구한다. 자신들의 권력 지위를 유지하기 위해서, 후보자의 격변에 자신을 내맡기지 않는다. 이러한 격변의 와중에 자신의 정치적 실천이 공개적으로 토론되면서 정당의 승산이 타협될 수도 있기 때문이다. 그래서 비록 흔쾌해하지는 않지만, 그들은 종종 새로운 사람을 후보자로 내세운다. 보스들이 생각하기에 '믿을 만하'면 새로운 사람을 선선히 내세운다. 그러나 마지못해 내세울 때도 있다. 이 경우는 새로운 사람이 지닌 '신선함'에 의해서, 널리 알려진 특수한 업적에 의해서 그의 지명이 선거를 승리로 이끄는 데 절박한 흡입력을 갖고 있을 때이다. 국민 선거의 조건에 의해서 만들어진 이러한 관계가 우리 독일에 이식되기는 전적으로 어려우며, 또 바람직하지도 않다.

마찬가지로 프랑스와 이탈리아에도 이식되기 어렵다. 이들 나라에서는, 때때로 신참자에 의해 보완되기는 하지만 '장관'이라는 정치적 지위에 적합한 극소수의 인물만이 끊임없이 다르게 결합하면서 주도적 지위를 순환적으로 차지하기 때문이다. 영국의 조건은 이와 현저히 다르다. 영국에서는 의회 활동 과정(여기서는 자세하게 다룰 수 없다) 내부에서 그리고 코커스 제도에 의해 강력하게 조직된 정당 내부에서 정치적 기질과 지도자 자질을 갖춘 사람이 충분히 나타났으며, 출세하기도 했다. 한편, 의회 활동 과정은 정치적 공명심, 권력 의지, 책임 의지를 가진 사람에게 가장 풍부한 기회를 주었다. 다른 한편, 지도자가 대중의 신뢰를 획득할 수 있는 것으로 나타나자마자 정당들은 대중 민주주의의 '카이사르적' 길을 따라, 지도자로서의 정치적 기질과 자질을 가진 사람에게 현실적으로 복종했다. 지도자가 최고의 지위를 차지하는 기회는, 여러 차례 드러났듯 정당이 *권력*을 *차지할 수 있는 가능성*과 같다. 카이사르적인 성격과 대중 선동 정치도, 정당의 관료화와 전형화도 지도자의 승진을 가로막는 강력한 장애물이 아니다. 정말로 국가 권력을 행사하고자 하는 엄격하게 조직화된 정당은 지도자가 대중의 신뢰를 받는다면 그 지도자에게 복종해야만 한다.

반면, 주지하다시피 프랑스 의회의 느슨한 추종은 순수한 의회 음모의 진정한 고향이다. 정당의 확고한 조직, 그리고 지도자로 하여금 특히 의회 위원회 활동에 관례적으로 잘 통제되는 참여를 통해 훈련을 받도록 강제하는 것은 다음과 같은 것을 보장한다. 즉 대중의 이러한 카이사르적 신뢰를 받은 사람들은 기존의 헌법에 순응한다는 것, 또한 그들은 순수하게 감정적으로, 따라서 '민중 선동적' 자질이라는 평범한 의미에 따라 충원되는 것은 아니라는 것이다. 지도자 충원이라는 현재의 조건에서, 강력한 의회, 책임 있는 의회 정당, 즉 국가 지도자로서의 대중 지도자를 충원하고 보장하는 장소로서의 그 기능은 항구적인 정치의 기본 조건이다.

대중 민주주의의 정치적 위험은 우선 *감정적* 요소가 정치를 현저하게 지배할 수 있다는 가능성에 있다. '대중' 그 자체(그들이 개별적으로 어떤 사회 계층인가는 아무런 관련이 없다)는 '한치 앞만 생각한다.' 왜냐하면 모든 경험에서 알 수 있듯이, 대중은 실제로 순수한 감정적 영향과 비합리적 영향에 좌우되기 때문이다. (이것은 완전히 동일한 현상을 낳았던 현대 '자치' 군주제에도 공통적으로 적용된다.) 냉정하고 신중한 정신——성공한 정치, 곧 성공한 민주주의 정치는 이러한 정신으로 만들어졌다——이 책임 있는 결정을 더 많이 지배할수록, 첫째, 심사숙고하는 사람의 수는 적어지며, 둘째, 심사숙고하는 사람들과 이들을 따르는 사람들의 책임감은 한층 분명해진다. 예를 들어 미국 상원이 하원보다 우위를 지킬 수 있는 것은 본질적으로 상원의 의원 수가 훨씬 더 적은 데서 비롯된다. 영국 의회의 최상의 정치적 업적은 명백한 책임감의 산물이다. 명백한 책임감이 없는 곳에서는 의회 지배의 업적도 다른 지배와 마찬가지로 실패한다. *확고하게 조직된 정치적 이익 집단에 의한 정당 운영의 정치적 합목적성*도 동일한 토대에 근거하고 있다. 다른 한편 *비조직화된* '대중', 즉 길거리 민주주의는 정치적으로 완전히 비합리적이다. 길거리 민주주의는 의회가 권력을 상실했거나 정치적으로 불신을 받는 국가에서 가장 득세하며, 또한 특히 *정당이 합리적으로 조직되어 있지 않은* 국가에서 맹위를 떨친다. 그러나 독일에서는 라틴적인 카페 문화의 부재, 조용한 기질, 노동조합 같은 조직과는 별개로, 사회민주당 같은 매우 중요한 평형추가 순수한 인민에게서 전형적인, 실제적이며 비합리적인 길거리 지배를 감당하고 있다. 함부르크 콜레라 시기부터 지금까지, 국가 장치가 제대로 작동하지 않을 때는 항상 다시 사회민주당에 호소해야 했다. 곤궁의 시대가 끝나자마자 이것을 망각해서는 안 된다.

또한 독일에서 전후[61]의 험난한 첫 몇 년은 당연히 대중 규율의 모든 요소를 시험하는 시기가 될 것이다. 특히 노동조합은 분명 이전에는 결코 맞닥뜨린 적이 없는 어려움에 직면할 것이다. 왜냐하면 청년 노동자들은 현재 전쟁 전의 열 배가 넘는 전쟁 임금을 받으며 이후에는 결코 누리지 못할 일시적인 자유를 향유하고 있으므로, 모든 연대감, 체계화된 경제 투쟁의 유용성과 그것에의 적응 능력을 상실할 것이기 때문이다. 이런 청년 노동자들이 정상적인 평화 질서의 현실에 직면하게 된다면, '미성숙한 생디칼리슴'이 불타오를 것이다. 우리는 이러한 종류의 순수한 감정적 '급진주의'를 의심할 여지 없이 풍부히 경험하게 될 것이다. 당연히 대중의 중심에는 생디칼리슴적인 전복 시도가 만연하게 된다. 경제 상황이 어려워짐에 따라, '리프크네히트Liebknecht 조직'에 의해 표현된 정치적 분위기가 강력하게 팽창된다. 우리가 물어야 할 것은 예견되는 무익한 국가 부정(否定)이 대중 속에서 *지속될 것인가 하는 것이다. 이것이 핵심적인 문제이다.* 이는 다음과 같은 것에 달려 있다. 첫째, '공포에 대한 호소는 독일인의 마음에 어떤 반향도 불러일으키지 못한다'라는 의기양양한 말이 *왕좌 위에서 입증될 것인지*의 여부에 달려 있다. 둘째, 그러한 폭발로 인해 재산 소유자들이 일상적 분노를 다시 터뜨릴 것인지, 따라서 통제받지 않는 관리 지배의 수혜자들이 기대하듯이 무분별한 대중 분노의 감정적 효과가 부르주아의 감정적이며 분별 잃은 공포를 야기할 것인지의 여부에 달려 있다.

  모든 국가에서 발생하고 있는 전복, 사보타주, 정치적으로 무익한 유사 폭발에 맞서 가장 민주적이며 사회주의적인 모든 정부는 감히 현재의 러시아와 같은 결과에 처하고 싶지 않다면 계엄령을 선포해야 한다. 이것에 대해서는 더 이상 말하지 않겠다. 그러나 정치적으로 성숙하고 *겁을 모르는* 국민의 자랑스러운 전통은 그런 상황에서 스스로를 입증해왔다. 그러한 상황에서 국민은 그들의 신경과 냉정한 정신을 유지했고, 또한 강권을 강권으로 쓰러뜨렸고, 그 후 돌발 상황에서 표출된 긴장을 순수하게 객관적으로 해결해야 했으며, 특히 그러나 *자유로운 질서의 보장*을 즉각 재건했고,

그 정치적 결정 방식이 일반적으로 전복, 사보타주, 이와 유사한 폭발에 의해 휘둘리지 않도록 했다. 우리 독일은 구질서의 수혜자와 통제받지 않는 관리 지배의 수혜자들이 속물 부르주아의 '약한 신경'을 짜내기 위해 모든 종류의 생디칼리슴적 전복——아무리 사소한 것일지라도——을 이용하는 것을 막아야 한다. 부르주아의 공포*에 대한* 고찰은 미카엘리스 시대의 가장 *부끄러운* 경험에서 잘 나타난다. 이 고찰은 수십 명의 평화주의 광신자들이 적대국이나 동맹국들에 미치는 영향을 고려하지 않고서, 순수하게 정당 정치적 목적에 대한 태도를 선정적으로 이용하려는 시도로 나타났다. 전쟁 후에도 유사한 음모가 넓은 범주에서 반복될 것이다. 우리 독일이 정치적 성숙에 이를 것인지는 이것에 어떻게 반응할 것인지에 달려 있다. 유사한 음모가 성공을 거둔다면 독일의 정치적 미래는 절망적이다. 그러나 많은 경험에 따르면 유감스럽게도 이러한 음모가 진행되고 있다.

좌파의 입장에서건 우파의 입장에서건 정당 운영의 민주화——왜냐하면 '독일 전체'와 현재 '조국'의 선동 정치는 프랑스의 조건에 비해서도 주저 없이 행해지고 있기 때문이다——는 독일에서는 사실이고, 되돌릴 수 없다. 그러나 선거권의 민주화는 독일의 헤게모니를 쥐고 있는 주62에서도 더 이상 미룰 수 없는, 절박하고 촌각을 다투는 문제이다. 다른 어떤 것보다도 정치적으로 다음과 같은 이유 때문에 결정적이다. 첫째, 오늘날 평등 선거는 선거 투쟁을 종식시키는 유일한 길이며, 군인들이 국가의 재건을 위해 전쟁터에서 돌아오기 전에 그같이 가공할 만한 불쾌한 무익성이 정치 생활에서 제거되어야 한다. 둘째, 군인들이 고향에 있는 사람들을 위해 죽어가고 있는 동안 고향에서 사회적 지위, 재산, 단골 고객의 숫자를 유지하거나 늘릴 수 있었던 사람들에 비할 때 귀향하는 군인들을 선거권에서 무시하는 것은 정치적으로 불가능하다. 확실히 이러한 정치적 필연성, 즉 귀환한 군인에게 선거권을 주지 않는 것과 같은 사태가 실제로 '발생할 수 있다.' 그러나 이것은 치명적 결과를 가져올 것이다. 국가는 1914년 8월과 같은 외부로부터의 위협에 직면해 결코 *다시 결속할 수 없을 것이다.* 우리는 아마도 기술적으로 세련된 행정을 갖고 있음에도 불구하고, 세계 정치에 영향력을 행사하지도 못하며 그에 대한 *내적인* 요구도 당연히 없는, 자잘한 보수적 국내인으로 머물러 있을 것이다.

정치를 위한 변호

1. 반전의 반전

　1920년, 한 학자가 폐렴으로 죽어가고 있었다. 그는 인쇄 중인 자기 책을 누구에게 헌정할지 여자 친구와 상의했다. 결국 그는 《경제와 사회 *Wirtschaft und Gesellschaft*》를 "나의 어머니 헬레네 베버"라는 문구로 어머니에게 헌정했고, 《종교사회학 논문 모음집 *Gesammelte Aufsätze zur Religionssoziologie*》 1권을 "고령의 피아니시시모까지"라는 문구로 아내인 마리안네 베버에게 헌정했으며, 2권을 "미나 토블로에게 바침"이라는 문구로 40대 말에 만난 한 여성 피아니스트에게, 3권을 "엘제 야폐에게 바침"이라는 문구로 여자 친구에게 헌정했다.[63] 이 사람이 바로 베버이다. 그는 죽기 직전 자신의 책을 아내와 여자 친구들에게 헌정한다. 그러나 청년 시절 "내 친구가 점점 더 당신에게 끌리는 것을 보았을 때, 그리고 당신도 구애에 응한다고 믿었을 때, 비통함 같은 무겁고 답답한 감정을 얼마나 느꼈는지 나 자신도 어떻게 설명할 수 없었소"라는 절절한 글을 미래의 아내에게 썼던 바로 그 사람이기도 하다.[64] 실제로 그는 평생 아내와 다정하게 지냈다. 우리에게는 낯설고, 모순되어 보이는 상황이다.

또 하나의 낯선 면이 있다. 그의 아내 마리안네 베버는 큰아버지의 손녀였다.[65] 아내 이전에 그는 이모의 딸과 가벼운 연애를 하기도 했다.[66]

대학에 다닐 무렵 베버는 "공부는 조금만 하고, 대신 마음껏 마시고 흥청대고 결투로 얼굴에 칼자국을 남기는"[67] 학생이었다. 반면 열세 살 무렵에는 쇼펜하우어, 스피노자, 칸트, 괴테에게 관심을 가졌다. 그리고 열다섯 무렵까지 역사가들인 호메로스, 헤로도토스, 베르길리우스, 리비우스, 살루스티우스에게 관심을 가졌다.[68]

그는 지나치게 술을 많이 마셔서 어머니에게 뺨을 맞기도 했고,[69] 아버지와 심하게 싸운 뒤 심각한 불안, 긴장, 탈진, 불면증, 신경 쇠약에 시달리기도 했다.[70] 심지어 학자에게는 생명이나 다름없는 정신적인 일, 즉 독서, 집필, 사유가 불가능한 상태일 때는, 아내에게서 선물받은 집짓기 상자를 고분고분한 아이처럼 갖고 놀기도 했다. 그런 역경에 처했던 인물인 베버가 바로《프로테스탄티즘의 윤리와 자본주의 정신 *Die protestantische Ethik und der Geist des Kapitalismus*》,《경제와 사회》,《사회경제사*Wirftschaftsgeschichte. Abriss der universalen Sozial*

und Wirtschaftsgeschichte》심지어《음악 사회학*Die rationalen und
soziologischen Grundlagen der Musik*》등과 같은 걸출한 저서의 저
자이다. 뿐만 아니라 종교에 관한 논문도 수없이 많이 남겼
고, 정치에 관한 탁월한 글로 그가 몸담은 사회에 경종을 울
리기도 했다.

그는 왕성한 저술 활동을 하는 동시에 프라이부르크, 하이
델베르크, 뮌헨 대학교 등에서 학생들을 가르쳤고, 한편 프
리드리히 나우만Friedrich Naumann[71]이 결성한 민족·사회연합
에 가입하기도 하고 사회민주당의 전당 대회에 참석하기도
했으며, 독일 민주당Deutsche Demokratische Partei의 당원이 되
어 선거에서 수많은 지원 연설을 하기도 했고, 비록 실패하
기는 했지만 독일 민주당의 공천을 받으려고도 했다.[72]

그의 삶이 끊임없는 부정과 반전으로 이루어져 있듯이, 그
의 학문 역시 끊임없는 부정과 반전으로 이루어져 있다. 이
는 그의 가장 유명한 저서《프로테스탄티즘의 윤리와 자본
주의 정신》에 잘 나타난다. 그는 일차적으로 기존의 관점을
부정한다. 토대의 영역인 경제적 관점을 중시한 마르크스와
달리 종교의 영역인 정신적 관점을 중심으로 자본주의를 이
해하려 했던 그는 정신적 관점에서도 기존의 관점을 반전시
켰다.

자본주의의 발전을 종교에서 구하는 경향은 이전에도 있
었다. 베버는 이러한 관점을 수용한다. 종교에서 자본주의의

발전을 구했던 사람들은 흔히 프로테스탄트적 의식이 자본주의적 소유권을 발전시켰다고 생각한다. 그러나 베버는 이런 방향을 완전히 반전시켜버린다. 그는 "천연 자원이나 조건에 의해 경제적으로 가장 발전되고 가장 많은 혜택을 입은 부유한 여러 지역, 특히 여러 부유한 도시들이 16세기에 프로테스탄트로 개종했다"[73]고 보았다. 베버는 프로테스탄티즘이 자본주의 발전의 원인이라고 보는 기존의 관념을 뒤집어엎는다. 오히려 부유한 지역이 프로테스탄티즘을 받아들인다고 이해함으로써, "종파상의 소속은 경제 조건의 원인이 아니라, 어떤 면에서는 경제적 조건의 결과로 나타난다"[74]고 결론지었다. 베버는 이러한 문제 의식을 한마디로 정의하여 "경제적으로 가장 발전된 지역들이 동시에 종교 혁명을 특별히 옹호한 이유는 무엇 때문인가?"[75]라고 되물어봄으로써 근본적인 반전을 개시한다.

반전에 반전을 거듭하고 있는 베버는 마포상과 직물업을 하는 가정에서 태어나 경제적으로 유복했다. 그의 아버지 막스 베버Max Weber 1세는 체제순응적 사람이며, 친비스마르크적인 국민자유당에 참여했다. 또한 정치적으로도 성공하여 베를린 시회(市會), 프로이센의회, 제국의회에서 활약하기도 했다. 그는 전통에 따라 집단에서 권위주의적 태도를 취하거나 아내와 자녀들한테 절대적인 복종을 요구하는 경향이 강했다. 베버의 어머니 헬레네 팔렌슈타인 베버Helene

Fallenstein Weber는 자유주의적이며 교양 있는 부인이었고 칼뱅주의 전통 속에서 성장했다. 그녀의 집안은 교원이나 하급 공무원이 많았으며 탁월한 학자들도 있었다.[76]

베버는 소년 시절에 운동보다는 독서를 좋아했으며, 사춘기 무렵 폭넓게 책을 읽어 지적 관심을 넓혀갔다. 히브리어를 배워서 〈구약 성서〉의 원전을 충분히 읽을 수 있을 정도였지만 그다지 종교에 관심을 가지지 않았다. 그는 이 시절 가부장적이며 독선적인 권위주의적 태도를 보이는 아버지의 속물 근성도 어머니의 신앙심도 경시했다.[77]

하이델베르크에서 세 학기 동안 법학을 전공했으며, 열아홉에 병역 때문에 스트라스부르크로 옮겨갔다. 군 복무 시절에는 운동을 하지 않은 탓에 신체적 고통을 많이 겪었다. 그보다 베버는 병영 훈련의 어리석음과 하사관의 궤변에 질려 있었다. 영역을 마친 스무 살 무렵 베를린과 괴팅겐에서 대학 공부를 계속했다. 이때 1차 사법 시험을 보았으며, 베를린 재판소에 근무하기도 했다. 경제사와 법제사를 연구했으며, 중세의 상사(商事) 회사의 역사에 관한 박사학위 논문을 집필했다. 이때 이탈리아어와 스페인어를 공부했다. 2차 사법 시험에도 합격했으며, 1891년에 베를린 대학의 상법·독일법·로마법 담당 교수 자격을 얻었다.[78]

1894년 가을에 베버는 프라이부르크 대학의 경제학과 교수로 취임했다. 이 대학 취임 강연에서 독일 동부 엘베강 지역 토지 문제에 관한 약 5년 동안의 연구를 종합하면서 지배 계급인 융커를 역사적으로 쓸모없는 계급으로 규정하며 통렬하게 규탄했다. 이 강연에서 그는 '자유주의적 제국주의'를 설파했고, 이 강연을 통해 프리드리히 나우만 같은 평생 지기를 얻게 된다. 1896년에는 하이델베르크 대학 교수로 취임한다.[79]

아버지가 돌아가신 1897년 이후부터 베버의 삶은 투병의 연속이었다. 직접적 원인은 아버지와의 말다툼이었다고 한다. 그는 열병과 신경증, 긴장과 자책감, 극도의 피로와 불안, 심한 우울증에 걸렸다. 그의 인생은 이때부터 신경증과 여행과 학문 사이를 왔다 갔다 했다.[80]

1905년 1차 러시아 혁명이 발생하자, 베버는 러시아어를 공부하여, 러시아 사태를 일간신문으로 추적할 수 있었다.[81]

1914년 1차 세계대전이 발발하자, 군기 및 경제 담당 장교로서 대위 임명을 받아 하이델베르크 지구의 9개 병원의 설립과 운영을 담당했다. 1916년 《경제와 사회》의 여러 장을 썼다. 1918년에는 빈 대학교로 옮겨 19년 만에 다시 강의를 했다. 그리고 이 해에 그는 군주제의 옹호자에서 공화제의 신봉자로 변해갔다. 독일 정부의 영토 병합론적인 전쟁 목표를 강력하게 반대하고 의회 강화를 지지했다. 1919년에는 뮌헨 대학교의 요청에 응하지만 이듬해인 1920년에 폐렴으로 사망한다.[82]

그는 인도게르만어, 히브리어, 이탈리아어, 스페인어, 러시아어를 독해할 줄 알았고, 베를린, 프라이부르크, 하이델베르크, 빈, 뮌헨 대학교의 교수를 역임했다. 또한 법학, 경제학, 경제사, 법제사, 정치학, 사회학 등의 분야를 두루 연구했다. 그러나 생전에 연구 결과를 출간하지는 않았다. 그의 저술들은 대부분 사후에 출간된다. 그의 글들이 주로 전문 학자를 대상으로 했기 때문이다. 하지만 몇 가지 예외가 있다. 그중 하나가 여기에 옮긴 글로서, 1917년 여름《프랑크푸르터 차이퉁》에 실렸던 글이다.

2. 혼돈의 시대와 베버의 정치관

베버의 정치 사상을 한마디로 정의하기는 쉽지 않다. 베버는 당대에 실현되지 않은 것을 놓고 미래에 지배적인 것이 될 것이라고 예언에 가깝게 진단하는가 하면, 때로는 현실에 드리워진 암울한 그늘의 실체가 무엇인지 명쾌하게 밝히기도 한다. 또한 정부 권력과 실권자를 강하게 질타하는가 하면, 어떻게 현실 권력의 비위를 건드리지 않고서 개혁을 할수 있을지를 비굴해보일 정도로 모색하기도 한다. 그런가 하면, 가장 정확한 용어로 구체적인 사상을 과감하게 드러내놓기도 한다. 이런 베버의 영향력은 대단했다. 당시의 유명한 좌파 이론가 루카치까지도 감화를 받을 정도였다.

이 책에 실린 베버의 글만으로 그의 정치 사상을 모두 이해할 수는 없다. 그러나 그가 살았던 역사적 시기와 관련해서 생각해본다면 그 사상을 조금이나마 더 깊이 이해할 수 있을 것이다. 베버가 이 글을 쓸 당시에는 아직 군주제가 유지되고 있었으며, 프로이센이 주도하며 비스마르크가 이끌어나가고 후배 관료들이 마무리하고 있던 관료제가 정치를 장악하고 있었다. 또한 독일이 일으킨 1차 세계대전이 진행되고 있었고, 이에 대한 어떤 비판도 용납되지 않았다. 더욱이 성장하기 시작한 노동 운동의 물결은 거세지고 있었고, 1905년부터 일기 시작한 사회주의 혁명의 파도 역시 높아지고 있었다. 그런데도 아직 독일에서는 중도파 정당이든, 좌파 정당이든, 우파 정당이든, 어떤 정당도 국민을 대변하는 정당으로서 제 역할을 다하지 못하고 있었다. 이런 다양한 요인들이 독일의 민주주의의 발전을 억압하고 있었다. 이런 상황에서 어느 누구도 민주주의를 일관되게 주장하기는 쉽지 않았다. 그러나 베버는 독일이 발전하기 위해서는 '1인 1표'의 진정한 의회 민주주의가 필요하다고 주장했다. 이것을 정확하게 이해하기 위해서는 당시의 역사와 그의 설명을 함께 살펴보아야 한다.

(1) 정치의 억압자, 철혈 재상 비스마르크

베버의 글은 수많은 소국가들로 분열된 독일이 비스마르크에 의해 통일된 이후의 역사를 중심으로 한다.

철혈 재상 비스마르크는 프로이센을 중심으로 독일을 통일했다. 그러나 독일은 단일 국가로 통일된 것이 아니었다. 당시 독일에는 2개의 연방 회원국, 4개의 왕국, 6개의 대공작령, 5개의 공작령, 7개의 공국, 3개의 자유 도시가 있었다.[83] 그리고 프로이센의 국왕이 황제가 되어 독일 전체를 통치했다.

프로이센에 의해 통일된 독일의 정치 체제는 당시 다른 유럽 국가들에 비하면 상당히 모순적이었다. 독일의 의회는 국민의 대표로 선출되는 하원에 해당하는 제국 의회와 연방 주들을 대표하는 참의원으로 구성되어 있었다. 그리고 행정 권력이 이러한 의회 권력에 대치되었다. 그러나 의회 권력이 입법부를 대표하고, 행정 권력이 행정부를 대표하는 것과는 거리가 멀었다. 오히려 피라미드형 체제였다.

가장 아래에는 하원에 해당하는 제국 의회가 있었다. 제국 의회 의원은 성인 남성의 비밀 선거로 선출되는데, 국가에서 세비를 받지 않았다. 따라서 제국 의회 의원이 되려면 재산을 어느 정도 소유해야만 했다. 이들은 선출된 사람들이기는 했지만 사실상 아무런 실권이 없었다. 제국 의회는 형식상의 국민 대표일 뿐, 실제로는 그 역할을 제대로 하지 못했던 것이다. 기껏해야 분풀이 장소로 여겨질 뿐이었다. 제국 의회 위에는 연방의 개별 주들의 대표로 구성되는 참의원이 있었다. 참의원은 개별 주들의 이익을 대표하기보다는 가장 큰 국가인 프로이센에 의해 좌지우지되었다. 프로이센이 사실상의 거부권을 갖고 있었기 때문이다. 그리고 정치 체제의 가장 상층은 황제, 총리, 장관, 고위 관리, 군대의 지도자들이 차지하고 있었다. 프로이센 국왕은 연방 외교권과 군 통수권을 소유하고 있었다.

이런 상황에서 독일의 정치는 기본적으로 황제와 총리의 능력에 좌우될 수밖에 없었다. 단, 황제와 총리가 무능할 경우에는 관리들이 모든 실권을 장악하게 되는 것이 특징이었다.[84]

무력한 의회, 프로이센에 의해 좌지우지되는 참의원, 무능한 황제와 총리, 강력한 관리로 규정되는 독일의 정치 상황은 의회 민주주의를 억압하는 것이라고 볼 수 있다. 베버는 직접 평등 선거에 의해 제국 의회 의원을 선출해야 하는 이유, 제국 의회가 실질적 권력을 소유해야 하는 이유, 행정 관리가 아닌 정치 지도자가 국가를 이끌어야 하는 이유를 바로 이러한 점에서 일관되게 주장한다.

비스마르크는 제국 의회가 정치에 대한 실권을 갖는 것을 허용하지 않았다. 오히려 그는 의회의 비준을 받지 않고서 군대 예산을 집행하는 방법으로[85] 제국 의회가 실권을 갖는 것을 부정하는가 하면, 정치 지도자를 의회에 기반을 두지 않는 행정 관료로 만들어버림으로써[86] "자신 이외의 모든 정치 지도자를 제거했"다.[87]

비스마르크가 실권을 소유하고 있었을 때 이러한 정치 구조는 표면상 크게 문제가 되지 않았다. 비스마르크는 독재 정치라는 인식을 피하기 위해 군주에게서 정통성을 빌려왔고,[88] 프로이센의 무력으로 국내 문제를 어느 정도 해결할 수 있었기 때문이다. 그러나 비스마르크의 퇴임 이후 사태는 완전히 달라졌다. 비스마르크의 후계자들은 비스마르크 같은 능력도, 독재자적인 성격도 갖지 못했으면서 모든 권력을 장악했다. "그들은 미래의 관리들을 심사했으며, 자신들을 관리이자 관리들의 아버지로 여겼다. 그들은 자격 시험을 통한 정당성 이외에 다른 방법으로 권력을 획득하려 하거나 획득한 사람들에 대해 분노했다." 즉 국민의 선거에 의해 정치 권력을 소유하거나 정치 권력을 행사하게 되는 것을 거부했다. "그러한 정부 밑에서 관료가 그대로 존재한다면 정치적 자질을 갖춘 지도자는 세계 어디에서도 나타날 수 없으며, 정상에 오르지도 못한다."[89]

비스마르크가 퇴임한 후, 관리들은 정치 피라미드의 최상층을 차지한 채 최고의 권력을 행사한 반면, 국민이 직접 선출한 국회의원들은 아무런 실권도 갖지 못했다. 그러나 유럽의 정치 기상도는 시시각각 변하고 있었다. 세계 최강국 영국은 세계 인구의 4분의 1을 지배하고 있었다. 베버는 그 지배를 가능케 한 것은 영국의 왕실이 아니라 바로 영국의 의회이며, 행정 관리들이 아니라 정치 지도자라고 이해했다.[90] 반면 독일의 경우, 보불전쟁에서 승리를 거두긴 했지만 세계 식민지 분할에서 뒤처져 있었고, 국내에서는 민주적 정당도 정치 지도자도 아직 성장하고 있지 못했다.

(2) 무능력한 군주의 정치적 실패

베버가 이 글을 쓸 무렵, 독일에는 좌파와 우파를 넘나드는 좌충우돌형 군주가 있었다. 바로 빌헬름 2세이다. 초기에 그는 진보적 성향의 '사회적인 황제'가 되고 싶어 했다. 그래서 비스마르크의 반사회주의자법[91] 갱신을 반대하고, 1889년 광부들의 파업에 온건하게 대처했다. 심지어 독일인들이 영국인들과 달리 "노동자들에게 아무 관심도 기울이지 않은 채, 노동자들을 마치 레몬처럼 쥐어짠 후 거름더미 위에서 썩어가도록 방치하고 있다"고 비난하면서, 노동 환경을 논의하기 위한 국제 회의를 열자고 제안하기도 했다.[92]

그러나 그는 이내 진보적 성향을 버렸다. 정반대로 '산업 온정주의'[93]를 지지했다. 이를 근거로 그는 파업을 비롯해 사회주의에 가까운 것은 모조리 근절해야 한다고 확신했다.[94] 더구나 그는 1차 세계대전을 일으킨 장본인이기도 했다. 그는 거대한 전함을 구축해 영국 해군을 압도하고, 독일을 세계 강국으로 만들고자 했다.[95] 또한 힌덴부르크Paul von Hinden-burg[96]와 루덴도르프E. F. W. Ludendorf 장군에게 전권을 이양했고, 그들이 모든 중요 사안을 결정할 수 있도록 권한을 실질적으로 양위했다.[97]

베버는 국가가 이런 군주에 의해 다스려진다면 군주 자신뿐만 아니라 국가에도 심각한 악영향을 줄 수 있다고 보았다. 군주는 타고난 정치가도, 훈련받은 정치가도 아니기 때문이다. "… 타고난 정치가가 아닌 군주가 '스스로 통치하려 하거나' 연설과 글이라는 정치적 수단으로, 넓은 의미에서 '민중 선동'을 통해 영향력을 발휘함으로써, 자신의 생각과 인품을 세상에 알리려는 경우에 … 그는 자신의 왕관 … 뿐만 아니라 국가의 존립 그 자체를 위협한다."[98] 실제로 빌헬름 2세는 스스로 책임질 수 없는 1차 세계대전을 일으켜 독일의 존립 자체를 위태롭게 했다. 게다가 그 대가로 자신도 네덜란드로 망명을 해야 했다.

베버는 이러한 상황의 근본 원인을 군주가 행정을 통제할 수 없기 때문이라고 보았다. "의회가 국가 내에서 형식상 가장 높은 지위를 차지하는" 방식인 의회주의는 조사권을 통해 행정에 대해서 책임을 진다. 그러나 "군주는 스스로 통치하고 있다고 믿는 반면, 관료는 군주의 배후에서 통제도 받지 않고 책임도 지지 않으면서 행동할 수 있다는 특권을 향유하고 있다." 따라서 "군주는" 특권을 향유하고 있는 "행정을 결코 통제할 수 없다."99

베버는 이런 군주와 정반대로 의회의 지배를 받고 있는 군주를 예로 들면서, 왜 의회가 정치 권력의 최정점에 있는 것이 중요한가를 역설한다. "에드워드 7세와 레오폴트 2세와 같은 군주를 보라. 그들은 확실히 이상적인 인물이 아니었음에도 불구하고 엄청난 실질적 권력을 소유했다. 그들은 엄격한 의회제 형태로 통치를 하고, 이러한 형태 이외에는 어디에서도 공적으로 나서지 않았기 때문이다…. 궁정 관리를 당연히 정당의 비율에 따라 교체했던 에드워드 7세는 세계적인 연합을 이끌어냈다. 또한 작은 국가를 통치했던 레오폴트 2세는 거대한 식민지를 결합시켰다."100

베버는 '국가 권력의 이익을 위해' 무능력한 군주정을 폐지시킬 수 있음을 시사한다. "의회 제도는 정치적인 면에서 천부적 자질이 없는 군주만을 제거한다." 그러나 베버는 위와 같은 "빌헬름 2세에 대한 적대감에도 불구하고 독일의 경우 전쟁 후에도 왕정이 지속될 것이라고 가정했다."101 그래서 "황제는 참의원의 간섭 없이 제국 수상과 모든 제국 관리의 임명과 해임을 독자적으로 결정한다"102는 헌법 18조를 바탕으로, 황제가 의원들을 제국 관리로 임명할 것을 그는 주장한다. 그래야만 의회 정부를 구성할 수 있고, 의회가 관리들의 '입에 발린 말'로부터 황제를 보호하고 독일을 발전시킬 수 있다고 본 것이다.

(3) 무기력한 정당

모든 정당은 근본적으로 국가 권력 획득을 목적으로 한다. 그러나 베버가 이 글을 쓸 당시 독일의 정당은 비스마르크가 표현한 대로 "무기력에의 의지"로 충만해 있었다. 가장 거대한 세력을 형성하고 있던 독일사회민주당(이하 사민당)은 정치 권력을 획득하려 하기는커녕 오히려 현실에 참여하기를 두려워했으며, 결정적 영향력을 행사하던 가톨릭중앙당도 정치 권력을 획득하려 하기보다는 오히려 현실에 안주하고 있었다.

사민당이 커다란 세력을 형성할 수 있었던 것은 당시 경제가 농업 중심에서 공업 중심으로 이행한 데서 비롯된다. 1850년대에 독일 경제는 급속하게 성장했다. 석탄, 철, 직물 생산이 급증했고, 철도망의 길이도 1850년부터 1870년 사이 세 배나 늘어났다. 공장 노동자의 비율도 1850년부터 1873년 사이 4퍼센트에서 10퍼센트로 늘어났다.[103] 이렇게 경기가 호황을 누리자 노동 운동이 활기를 띠었다. 라살Ferdinand Lassalle은 1863년에 독일전국노동자협회Der Allgemeine Deutsche Arbeiterverein를 창설했고, 베벨과 리프크네히트는 1869년에 사회민주주의노동당Sozialdemokratische Arbeiterpartei을 창설했다. 이 두 정당은 서로 경쟁 관계에 놓여 있다가, 1875년 고타에서 합당을 통해 사민당을 창당했다.

비스마르크의 제국 정부는 노동조합 운동과 노동자 정당

을 조직적으로 탄압했다. 그 결과물이 1878년 제정된 모든 사회주의 운동과 노동조합 운동을 금지한 한시법인 반사회주의자법이었다. 그러나 이 법은 오히려 역효과를 불러왔고, 그 결과 사민당은 1890년 제국 의회 선거에서 19.7퍼센트로 득표율 1위를 기록했으며, 1912년 선거에서는 34.8퍼센트로 원내 제1당이 되었다.

그러나 사민당은, 정치 권력을 획득해 주도적인 정당의 자리를 차지하지는 못했다. 사민당은 반사회주의자법으로 박해받던 시절부터 갖고 있던 의사(疑似) 혁명을 고수하고 있었다. 또한 부르주아 정부에 참여하면 프롤레타리아가 등돌릴 것을 우려했다. 사민당에서는 비정치적이며 반정치적인 영웅적 형제 윤리를 내포한 생디칼리슴이 지배하고 있었다. 그리고 경제 투쟁 과정에서 계급 연대가 파괴될까봐 두려워했다. 그 결과, 사민당은 정치적 고립 상태에 놓이게 되었다.[104]

중앙당도 정치 권력을 획득하려고 노력하기보다는 현실의 정치 권력이 주는 이익에만 집착했다. 중앙당 창당은 독일의 통일 과정과 밀접하게 관련돼 있다. 프로이센은 오스트리아를 제외한 소독일 통일 정책을 추구했다. 오스트리아에는 전통적으로 가톨릭 신자가 많았던 반면, 프로이센에 의해 통일된 독일에는 가톨릭 신자가 적었다. 따라서 독일에서는 가톨릭이 소수파로 전락하게 되었고, 가톨릭을 정치적으로 보호할 필요성이 제기되었다. 이런 이유로 1870년 12월 가톨릭 중앙당Zentrumpartei이 창당되었다.

비스마르크는 이 정당을 이적 정당으로 간주했다. 게다가 중앙당이 교황의 무오류설을 지지하자 그 당의 일차적인 충성 대상이 독일이 아니라는 견해가 확산되었다. 더욱이 폴란드 민족주의가 폴란드 가톨릭 교회의 활동을 통해 강화되자, 그 흐름이 결국 동부 독일을 불안정한 상황으로 밀어넣을 것이라고 비스마르크는 판단했다. 비스마르크는 제국 '내부의 적'이 '외부의 적'을 지원하고 있다고 주장하면서, 가톨릭에 대해 지속적이고 광범위하게 공격을 개시했다. 이것이 이른바 문화 투쟁이다. 1871년에서 1876년 사이에 성직자의 교육, 훈련, 서품이 국가의 통제를 받았으며, 예수회의 활동은 금지되었다. 프로이센 정부는 반가톨릭 입법에 저항하는 성직자를 투옥하거나 추방했다. 그러나 그 공격은 실패로 끝났다. 1874년 선거에서 중앙당이 전에 비해 두 배나 많은 표를 얻었던 것이다.

문제는 중앙당이었다. 중앙당은 의회주의에 대해 회의적이었고, 이데올로기적인 정당이라기보다는 가톨릭 교도의 이익을 보호하는 정당일 뿐이었다. 또 정부에 참여하는 것을 두려워했다. 정부에 참여하면 어떤 형태로든 책임을 져야 했기 때문이다. 중앙당은 책임이 따르는 일보다는 책임을 질 필요가 없는 작은 이익, 관직 정실 인사에 만족했다.[105]

그러나 제국 의회의 최대 다수당인 사민당도, 결정적 영향력을 행사할 수 있는 위치에 있던 중앙당도 정치 권력을 획득하지는 못했다. 앞에서 밝힌 것처럼, 실질적 하원인 제국 의회가 사실상 어떤 영향력도 행사할 수 없는 기관이었기 때문이다. 그 결과, 의회는 "단지 제동 장치로서, 즉 무능한 불평꾼들과 잘난 체하는 자들의 모임으로 평가"[106]받을 뿐이었다. 그러한 정당으로 구성된 의회는 적극적인 정치가 아닌 소극적인 정치만을 펼쳤다. 의회는 예산안 자금을 거부하고 법 제안에 대한 동의를 반대함으로써, 또는 별 의미가 없는 발의를 함으로써 행정에 대한 국민의 불만을 강력하게 피력했을 뿐이다. 다만 "적대적 권력과도 같은 행정 지도자들과 대립해 있을 뿐이다."[107] 한마디로 무기력한 정당들로 구성된 의회는 무능한 존재에 불과했다.

(4) 또 다른 삽화

베버의 글을 읽을 때 우리는 이외에도 여러 가지 역사적 사실을 고려해야 한다. 러시아는 1905년에 제1차 사회주의 혁명을, 1917년에 제2차 사회주의 혁명을 치렀다. 그리하여 사회주의 국가로 탄생한다. 그는 사회주의 국가에 비관적이어서, 그것을 관료화라는 관점으로 비판한다.

사회주의자들이 주장하듯이, 사적 자본주의가 폐지되면 현대 산업 노동의 '강철 우리'가 파괴될 것인가? 베버는 단호하게 '아니다'라고 답한다. 오히려 "국유화가 이루어지거나… 기업의 행위가 관료화된다"고 강력하게 주장한다. 나아가 "사적 자본주의가 폐지된다면 국가 관료제가 독자적으로 지배하게 될 것"[108]이라는 것이 그의 견해다. 국가의 관료가 모든 것을 결정한다. 그 권력은 점점 더 관료화되고 신분화되며, 파괴될 수 없는 것이 된다. 사적 자본주의에서는 국가 관료제와 그 권력에 대립하는 주무 기관, 즉 의회가 이 문제를 해결할 수 있다. 그러나 사회주의 국가에서는 이러한 문제를 해결할 수 없다. 오히려 국가 자체가 강철 우리가 되어간다. 베버는 이러한 상태를 비관적으로 진단한다. 사회 질서의 유기적 구성을 위해, 사회적 무기력의 평화주의를 위해 현재와 같은 경제적 생산의 '무정부성'과 의회의 '정당 기업'을 폐지해보라. 그러면 '개인주의', '민주주의', 또는 '진정한 자유'가 빛을 발할 것인가? 베버는 이러한 생각이 문필가의 허무맹랑한 공상에 지나지 않는다고 논박했다.[109]

베버의 선견지명이 좌파의 미래를 결정했다. 관료제의 피해를 이겨내지 못한 사회주의가 역사의 저 먼 미래의 과제로 등장한다. 베버에 따르면 새로운, 미래의 사회주의도 관료제를 어떻게 극복할 것인가에 대한 답을 내놓지 못한다면 또 다른 실패를 위한 전주곡에 지나지 않는다.

베버의 글에는 또 하나의 삽화가 들어가 있다. 바로 1차 세계대전이다. 이 전쟁에서 독일은 초반에 계속 승리하고 있었다. 그 이유는 무엇일까? 무기가 우세해서였을까, 아니면 전략과 전술이 우세해서였을까? 보불전쟁에서 승리한 경험은 있었지만 그렇다고 모든 조건이 독일에 유리하지는 않았다. 그럼에도 독일은 어떻게 승리할 수 있었을까? 베버는 바로 독일의 우수한 관료제 덕분이라고 단언한다. "현재의 세계대전은 무엇보다도 전 세계에 대한 이러한 생활방식의 승리를 의미한다."[110] 그는 관료제의 우수성 때문에 당분간 독일이 승리할 수 있으리라고 보았다. "우리나라가 다른 나라보다 우세한 것은 전쟁 전에 국가의 관료제가 아직 이 길에 들어서 있지 못했기 때문이다."[111]

이런 점에서 그는 관료제의 우수성을 분명히 알고 있었지만, 곧장 질문을 전환하고 관료제 때문에 독일 정치가 발전하지 못하고 있다는 단안을 내린다. "지난 수십 년 동안 독일 정치의 지배는 어떠했는가? 가장 우호적인 언급조차 '독일 군대의 승리가 독일 정치의 패배를 다시 보상해주었다' 정도에 불과했다."[112] 관료제로 유지되는 군대가 전쟁에서 승리함으로써 독일 정치의 후진성을 감추었을 뿐이다. 베버는 독일의 정치가 희망이 없다고 보았다. 우수한 관료제 덕분에 전쟁에서는 승리할 수 있을지 모르나, 국내 정치는 희망이 없고, 그로 인해 전쟁에 패할지도 모른다고 우려했다. 따라서 필요한 것은 "행정을 지속적으로 통제하는 그러한 의회이다. 전쟁 전에 우리 독일에는 그러한 의회가 없었다. 그러나 앞으로 우리의 의회가 그러한 목적에 맞도록 환골탈태하지 않는다면 우리는 다시 비참함을 맛보게 될 것이다."[113]

3. 행정과 정치의 투쟁

위에서는 주로 베버의 글이 당시의 역사와 어떤 관계가 있는지 살펴보았다. 이러한 독해 방법은 베버의 정치 사상과 그 시대와의 연관성을 이해하는 데 큰 도움이 된다. 그러나 여기에는 한계가 있다. 그 사상이 현재와 어떤 관련이 있으며 미래에 어떻게 이해될 것인지, 다시 말해 그 사상이 시대에 구속되지 않는 어떤 보편성을 지니고 있는지는 말해주지 못하기 때문이다. 보편성을 도출하기 위해서 우리는 베버의 글을 일반론에 맞춰 검토해볼 필요가 있다. 글 속에 내재된 특정 역사를 제거해버리고, 일반적으로 정립 가능한 개념을 중심으로 베버의 이 글을 검토해볼 필요가 있다.

베버의 정치 사상은 주로 관료제와 민주주의를 중심으로 전개된다. 양자는 서로 동떨어진 것이 아니라 항상 연관돼 있는 것이라 분리하기가 쉽지 않다. 베버는 관료제의 장점을 치밀하게 논하다가 갑자기 민주주의를 논하는가 하면, 민주주의가 왜 이루어져야 하는가를 탐구하다가 갑자기 관료제를 끌어들인다. 그의 정치 사상을 요약해본다면, 관료제의 장점은 버릴 수 없지만, 그것이 정치를 압도하는 상황에서 민주주의의 발전 없이는 국가의 발전도 없다는 것이다. 민주주의 중에서도 의회가 정치의 중심이 되는 의회 민주주의를 이룩해야만 한다고 베버는 주장한다.

(1) 관리와 정치 지도자

현대 사회의 어떤 영역에서든 관료제 없는 조직이 있을까? 없다. 오히려 관료제가 없는 조직은 조직으로서 생존할 수 없다고 보는 것이 타당하다. 기업에도 공개적으로 채용된 관리가 존재하며, 군대에도 장교라는 관리가 존재하고, 국가 행정의 영역에도 당연히 말 그대로 관리가 존재한다. 심지어 행정 관리의 권력을 통제하고 견제하는 정당에도 관리가 존재한다. 관리가 존재하지 않는 조직은 거의 없다. 현대의 조직은 관리를 인적 토대로 삼는 관료제를 반드시 필요로한다. 관료제는 현실적으로 불가피하다. 특히 조직이 커질수록, 국가 영역이 확장될수록 반드시 관료제가 요구되고 확대된다.

이처럼 어떤 조직이든 반드시 관료제를 필요로 하는 이유는 무엇인가? 그것이 우수해서인가 아니면 그 외에는 대안이 없어서인가? 관료제가 우수하다면, 그보다 더 우수한 조직 운영 방식은 존재하지 않는가? 단언컨대 그보다 우수한 조직 운영 방식은 없다. 관료제는 다른 어떤 방식보다 기술적으로 우수하다. 관료제는 정확성, 속도, 명확성, 서류에 관한 지식, 지속성, 신중함, 통일성, 엄격한 상명하복, 갈등 축소 등을 생명으로 하며, 이런 점에서 하나의 '머신'과 유사하다.[114] 개별 관리는 기계 톱니바퀴의 나사처럼[115] 일사불란하게 움직인다. 국가가 커질수록, 조직이 커질수록 관료제의 이러한 측면은 매우 중요하다. 거대 국가에서는 피지배자가 관료 기구 없이는 살 수 없을[116] 정도로 관료제가 중요한 실질적 기능을 수행한다.

이외에 관료제가 다른 조직 관리 방식보다 우수한 또 다른 이유는 '악명 높은' 비밀 지식에 있다. 비밀 지식이란 "관료제적 행정이 항상 대중을 배제하고, 행정에 관한 지식과 행위를 비판의 시선으로부터 가능한 한 감추려고 하는"[117] 것을 말한다. 업무에 관한 고유 지식은 관리의 연륜이 쌓이고 시간이 흐를수록 더욱 방대해지고 정교해지며, 일반인이 접근하기 더욱 힘든 것이 된다. 이는 관료제가 존재하는 한 불가피한 일로, 관리의 근무 지식 없이는 관료제가 유지될 수 없다. 이러한 근무 지식이 존재할 때에만 수많은 업무 처리가 가능하다.

베버는 이러한 근무 지식이 의회의 "통제로부터 행정을 보호하는 수단"[118]이 된다고 보았다. 근무 지식과 관련해서 본다면, 관리들은 전문가expert이고 의회에 선출된 의원들은 아마추어dilettant일 수밖에 없다.[119] 베버는 이 점에서 관료제가 초래할 위험에 대해서, 즉 관리들이 의회에 상반되는 권력으로 존재하게 되는 것에 대해서 경고한다.[120] 관리들은 근무 지식을 비밀 지식으로 바꿔버리고, 이를 바탕으로 의회에 의한 행정의 통제를 거부하게 된다는 것이다.

전문지식 면에서, 확실히 정치 지도자는 관리들에 비해 무능하다. 그런데도 베버는 유능한 관리들은 정치를 할 수 없다고 주장한다. 왜냐하면 정치의 본질은 투쟁이며, 정치를 한다는 것은 "고유한 신념에 따라 함께 싸우려고 정치 투쟁에 개입해 들어가는"것이며, 이런 점에서 정치는 "관리의 일"이 아니기 때문이다. 관리는 전문 지식은 갖고 있되 일에 대해서는 무책임하다. 또 지시받은 명령을 묵묵히, 꼼꼼히 잘 처리할 수 있으나, 그 일의 결과에 대해서는 책임을 지지 않는다. 따라서 관리는 일반적 규정과 특수한 지시가 자신의 정치적 신념과 부합하지 않더라도 그 규정과 지시가 자신의 양심과 일치하는 듯이 행동해야 한다. 또한 관리는 규정과 지시를 따르기 위해 자신이 갖고 있던 경향성과 의견을 버려야만 한다.[121] 관리는 정치의 능동적인 지시를 수동적인 업무 지식으로 대체해 수행한다. "… 그 명령이 자신의 가장 고유한 신념과 일치하는 것처럼 그것을 완수하고, 그럼으로써 관직의 의무감이 자신의 개인적 특성보다 중요하다는 것을 보여주는 것은 관리의 의무일 뿐만 아니라 명예이기도 하다. 그에게 강제적 명령을 부여한 상급자가 '관청'인지 '조합'

인지 아니면 '의회'인지는 중요하지 않다. 그것이 바로 관직의 정신이다."[122] 이런 점에서 관리는 국민 전체를 책임지는 정치에 부적합하며, 정치인이 될 수 없다.

그렇다면 근무 지식 수준이 아마추어인, 나아가 무지하기까지 한 정치인이 국가 운영을 떠맡아야 하는 이유는 무엇인가? 정치인의 타고난 권력욕 때문인가? 아니면 정치인의 타고난 개인적 자질 때문인가? 이도저도 아니라면 무엇 때문에 정치인이 국가를 운영해야 하는가? 그것은 바로 책임감 때문이다. 정치는 끊임없는 이해 요구에 대한 조정이고, 정치인은 그 이해 요구의 조정에 대해 책임을 지기 때문에 국가 운영을 떠맡는다. 정치인은 "종종 타협, 즉 중요한 것을 위해 중요하지 않은 것을 희생시킬 것을 강요받는다." 정치인은 이 타협에 대해 책임을 진다. "개인적 권력 투쟁과 이 권력에서 비롯된 자신의 일에 대한 책임감은 정치가의 기본 요건이다."[123] 이것은 한 기업 내에서도 마찬가지다. 정치가에 해당하는 기업가는 자신이 한 일에 책임을 진다. 그러나 관리에 해당하는 고용 사장은 단지 관리만 할 뿐이며, 책임을 지지 않는다.

(2) 엽관제, 왜 필요한가

어느 국가에서나 장관들은 흔히 비리에 연루되어 있고, 이것이 문제가 되어 사퇴한다. 그러면 행정부 수장이 다시 장관을 임명하지만 새로 임명된 장관 또한 곧잘 비리 때문에 물러난다. 행정부 수장은 또다시 장관을 임명한다. 왜 이런 일이 벌어지는가? 한번쯤 근본적으로 질문을 던져볼 만하다. 왜 장관은 임명직이어야 하는가? 각 부처 내부에서 능력을 인정받은 관리를 장관으로 기용하면 되지 않을까?

어디 그뿐인가? 정권이 바뀌면 공사(公社)업체 사장이 바뀌는 것은 물론이고, 심지어 미관말직과 한직에 있는 사람까지 바뀐다. 군부 정권 시절에는 군화가, 문민 정부에서는 등산화가, 또 국민의 정부에서는 향우회가 이러한 직책들을 휩쓸었다. 이럴 바에는 차라리 장관도, 또 다른 관리도 투표를 통해 능력 있고 정직한 사람으로 선출하면 어떨까? 아니면 내부 사람을 승진시켜 기용하면 안 될까? 관직을 쫓아다니는 사람들이나 그러한 사람들에게 관직을 임명하는 것을 부정하거나 경멸하는 이들은 이렇게 자문할 것이다.

그러나 대부분의 국가에 현재와 같은 정치 체제가 존재하는 한 이 같은 현상은 계속 반복된다. 이런 임명직 장관과 공사업체 사장 같은 임명직 관리가 존재하는 근본적인 이유는 "정당은 … 본질적으로 관직 정실 인사 조직"124이라는 데 있다. 모든 정당은 권력 그 자체, 즉 행정 참여와 관직 임용에의 영향을 미치기를 갈구한다.125 정당의 목적은 선거에 의해 그 정당의 지도자를 최고 지위에 올려놓는 것이고, 최고 지위에 오른 정당의 지도자는 그 대가로 정당 당직자와 선거 참모에게 국가의 관직을 부여한다.[126] '밀어주고 관직 받기'를 의미하는 정실 인사 제도는 우리가 항상 보아온 것처럼 분명 부패를 가져온다.

그렇기 때문에 장관이나 공사업체 사장을 임명직보다는 선출직 또는 승진직으로 바꿔야 할까? 이것은 현실적으로나 이론적으로 불가능한 일이다. 임명직 장관은 선출직 또는 승진직 장관보다 훨씬 더 큰 책임감을 안고 있기 때문이다. 임명직 장관은 연금을 받는다. 따라서 형식적으로 볼 때 장관은 또 다른 관리에 지나지 않는다. 그러나 "장관만이 꼭 전문가적 자질을 갖출 필요는 없는 존재"[127]라는 점에서 다른 관리와 차이가 있다. 장관은 능력에서 유능한 일반 관리에 뒤처진다. 그런데도 대부분의 국가는 장관을 임명직으로 정해 놓고 있다. 임명된 장관이 선출직이나 승진직 장관보다 더 성실하고 때에 따라 더 유능한 경우도 많기 때문인데, 이는 책임 소재가 명확하다는 데 기인한다. "임명된 관리에게는 관리의 자질을 책임지는 지도자가 늘 있으며, 또한 지배 정당은 작은 실책이라도 범할 경우 후일 그로 인해 고통을 받게 되기 때문이다."[128] 그 결과, "미국에서 선출된 국가 수장에 의해 임명된, 전문적으로 훈련받은 관리는 기술적 측면에서, 그리고 청렴성과 연관해서 비교할 수 없을 정도로 우수한 기능을 한다"[129]는 결론이 도출된다.

국가 수장이, 무능하거나 실책을 범할 가능성이 많은 인물을 관리로 지명하면 이로 인한 악영향이 곧장 다음 선거에 반영된다. 집권 정당에서 야당으로 몰락하게 되는 것이다. 이러한 우를 범함으로써 영원히 집권 정당의 자리를 차지하지 못하게 되기를 바라는 정치 지도자는 없을 것이다. 늘 다음 선거를 의식하고 있는 정치 지도자는 당연히 각 직위에 적합한 인사를 임명하고자 노력한다. "의회 지도자는 수입과 서열에 도움이 되는 관직을 추구하는 것이 아니라 정치적 책임을 지는 권력을 추구한다."[130] 이것은 대부분의 현대 국가에 적용되고 있다.

이론적으로든 현실적으로든 엽관제 또는 정실 인사 제도는 문제가 많은 제도임에 틀림없으나 그럼에도 여전히 의미가 있다. 정치는 기본적으로 투쟁이고, 그 투쟁의 결과에 대해 반드시 책임이 따르게 된다. 그 책임 수행을 평가하는 존재는 국민이다. 상명하복을 신조로 하는 관리는 행위의 결과에 대해 책임을 지지 않는다. 아니, 행위의 결과를 개별 관리가 책임을 지기에는 부담이 너무 크다. 근무 지식과 성실성으로 무장한 관리에 비해 능력은 뒤지지만 책임으로 무장한 정치가는 자신의 정치적 행위에 책임을 진다. 그 책임을 성실하게 이행했는가의 여부는 국민이 심판한다. 엽관제는 현재의 정치 제도가 근본적으로 바뀌지 않는 한 계속 존재할 것이다. 다만 어떻게 보완해야 할 것인가가 과제로 남는다.

(3) 법률가 정치인의 시대[131]

왜 정치가 중에는 법률가 출신이 많은가? 선거철만 되면 항상 이런 의문이 들곤 한다. 입후보자들의 경력을 살펴보면 법률가 출신이 상당히 많기 때문이다. 그들이 차지하는 비율은 당선자에게서 훨씬 더 높게 나타난다. 심지어 직책과 이름을 일일이 열거할 필요도 없이 당의 요직은 그 출신들이 차지한다.

미국의 경우만 살펴봐도 역대 대통령 가운데 상당수가 법률가 출신임을 알 수 있다. 역대 미국 대통령 42명(조지 W. 부시 포함) 가운데 25명이 변호사 출신이다. 변호사를 거쳐 주지사에 도전하고, 주지사직을 성공리에 마친 뒤 당의 지지를 받아 대통령에 도전하는 것이 이들이 일반적으로 밟아온 길이다.

왜 이처럼 정치 전문가들보다 법률 전문가들이 더 활발하게 정치에 나서는가? 가장 단순한 답변은 의회가 입법부, 즉 법을 제정하는 기관이기 때문이다. 그런 만큼 법을 잘 아는 법률가 출신들에게 더욱 적합한 곳이라는 논리가 가능하다. 맞는 말이지만 근본적인 답변은 아니다. 근본적인 답을 구하기 위해서는 다른 방식으로 질문해야 한다. 법률가 출신은 어떤 점에서 정치 활동에 유리한가?

정치에 뜻을 둔 사람은 많은 돈과 시간적 여유라는 두 가지 조건을 갖춰야 한다. 그 이유는 당락이 이념과 정견의 차이에 의해 결정되는 것이 아니기 때문이다. 당락을 결정짓는 것은 오히려 선전과 조직력이다. 특히 이념과 정견의 차이가 작을수록 그것이 더 요구된다. 동일 기능의 여러 상품의 경우 판매량이 상품의 질이 아닌 광고에 달려 있는 것과 마찬가지로, 더욱 효과적으로 선전하고 조직을 움직이게 해주는 것은 천문학적인 자금이다.

또한 정치가에게는 시간적 여유가 있어야 한다. 조직을 운영하고 강화하기 위해서는 시간 투자가 필요하기 때문이다. 현대 정치는 국민의 직접 평등 선거에 의해 결정되기 때문에 정치인은 많은 시간을 길거리에서, 유권자와의 만남에 소비할 수밖에 없다. 새벽부터 저녁 늦게까지 지역구를 돌아다니고, 휴일이면 자전거를 타고 지역구를 돌아다니는 의원들을 심심찮게 보고 들을 수 있는 것은 그 때문이다.

이 두 가지 가운데 하나만 갖춘 사람은 정치하기 힘들다. 예를 들어 자본가는 돈은 많지만 기업의 일에 얽매여 시간이 없다. 따라서 자본가는 정치를 할 수 없다. 또한 의사는 사람들 사이에 소문이 많이 나 유명해질수록 돈을 많이 벌지만, 이렇게 유명해질수록 점점 더 시간은 없어진다. 따라서 의사도 정치를 하기 어렵다.

법률가는 많은 돈과 시간적 여유라는 두 가지 조건을 다 갖출 수 있다. 변호사가 돈을 얼마나 많이 버는가는 "전직 부장 판사가 퇴직하면 개업 직후 1년간 10억 원을 번다는 속설

이 있었지만 최근에는 6개월간 5억 원을 벌면 끝이라는 말이 새롭게 나돌고 있다"[132]라는 어느 신문 기사의 한 구절만으로도 알 수 있다. 선거에 들어가는 천문학적인 돈을 마련하기에 이만한 직업이 없다. 게다가 변호사는 명성이 높아질수록 명망에 의한 사건 해결 능력이 높아지고, 수임료도 천문학적으로 상승하며, 아울러 상대적으로 시간적 여유도 많아지게 마련이다. 자료 수집에서부터 모든 것을 총괄해주는 하위 집단을 둘 수 있기 때문이다.

한데 단지 이 두 가지 조건이라면 이를 충족시킬 수 있는 집단을 또 하나 꼽을 수 있다. 타고난 부자나 금리 생활자들이다. 그러나 현대 정치는 이런 계층의 정치 참여를 원칙적으로 원하지 않고 있다. 이 계층 역시 정치에 참여하려 하기보다는 오히려 참여하는 것을 스스로 부정함으로써 스스로를 정치에서 배제해간다. 따라서 많은 돈과 시간 여유라는 조건이 법률가가 정치인이 되기에 유리한 조건의 전부라고 할 수는 없다.

더 근본적인 이유는 의회가 적대자와의 투쟁의 장이라는 데 있다. 과거와 달리 현대 정치에서 권력은 총구가 아니라 투표 용지에서 나온다. 의회는 과거처럼 총과 칼로 싸우지 않는다. 의회는 단지 말로 싸울 뿐이고, 고난에 찬 승리와 절망에 가득한 패배는 투표로 결정된다. 법률가는 말로 싸우고 투쟁하는 일에 훈련된 유일한 직업이다. 법정에서 피고의 진실을 놓고 벌이는 '변호사와 검사의 대결'은 의회에서 어떤 정책이 국민을 이롭게 할 것인지를 놓고 벌이는 '여당과 야당'의 투쟁으로 바뀐다. 변호사가 화려한 변론으로 범죄 혐의자를 무죄로 만들어버리듯, 변호사 출신 의원은 토론을 통해 적대 당의 정책을 파기시키고 자기 당 지지자들의 이익을 위한 법안을 통과시킨다. 법률가는 훈련받은 싸움꾼이자 투쟁꾼이다. "법률가들이 지배하던 구시대에, 위대한 법률가는——관리와 대립해——투쟁 속에서 그리고 투쟁에 의해 사건의 효과적 대변을 훈련받은 유일한 계층"이었다.[133] 또한 특정 정당이 정치 권력을 장악한 후에도 상당 부분에서 법률가가 요구된다. "정부의 공식적 주장을 알리기 위해서 본질적으로 (무엇보다도 전문적인) 법률가의 좀 더 높은 전문성이 요구"[134]되기 때문이다.[135]

(4) 적극적 정치의 실현으로서의 의회

의회의 고유한 기능은 무엇일까? 투사처럼 질풍을 일으키며 국민의 불만을 속시원하게 해결해주는 것일까? 재담꾼이나 만담가처럼 국민이 하고 싶어 하는 이야기를 살살 어루만지며 풍자하는 것일까? 만년 불평꾼처럼 처음부터 끝까지 사사건건 트집을 잡으며 혹평을 해대는 것일까? 아니면 통계학자나 되는 듯이 구체적 수치를 열거하며 비전을 제시하는 것일까? 어느 것이나 일면 설득력이 있고, 의회의 중요한 기능에 속한다.

그러나 의회의 기능은 이것만이 아니다. 베버에 따르면 그것의 가장 중요한 기능 가운데 하나는 관료 권력을 견제하는 것이다. 의회는 통제받지 않으려는 관료 권력을 통제해야만 한다. 사회가 복잡해질수록 그것은 점점 더 비대해지고 공고해지고 은폐되어간다. 더구나 전문성과 근무 지식으로 무장한 관료 권력은 국가의 모든 영역을 압도할 만큼 성장한다. 이런 권력은 몰락하지 않는다. "관료제는 현대의 합리적 생활 질서의 여러 역사적 담당자들 중에서도 독보적인데, 이는 관료제의 엄청난 불가피성 때문이다… 관료제가 완전히 독자적으로 지배했을 때, … 관료제를 떠받치고 있는 전체 문화가 완전히 몰락하는 경우를 제외하고는 관료제는 결코 소멸하지 않는다."[136]

이러한 관료제를 이루는 관리들은 이른바 '철밥통'이다. 내부로 똘똘 뭉쳐 어느 누구도 침범할 수 없는 견고한 성을 쌓아가고, 근무 지식을 비밀 지식으로 바꾸어 성역을 만들어간다. 이 성역을 과감하게 파헤치고 비판할 수 있는 존재가 있어야 하는데, 그러한 존재는 의회뿐이다. 의회가 이러한 일을 할 수 있으려면 조사권[137]을 가져야 한다. 그것은 "기술된 문장과 언급된 말로" 행정을 지속적으로 통제할 수 있게 해준다. 결과적으로 조사권은 행정 수장을 견제하는 기능을 갖고 있어, 그가 권력을 조심스럽게 행사하지 않을 수 없게 한다. "조사권은 적절한 조력 수단으로서 꼭 필요할 뿐만 아니라 하나의 채찍을 제공함으로써 그 존재만으로도 행정 수장이 조사권 사용 이전에 해명을 하게 만든다."138

의회가 조사권을 갖는 것은 단지 이러한 기능만을 위해서는 아니다. 의회의 조사권은 소수파의 권리를 위해서도 중요하다. 소수파는 소수파라는 이유만으로 다수파에 비해 정보 접근도가 낮을 수밖에 없다. 따라서 소수파는 다수파의 압도적 힘에 눌려 의회에서 제대로 기능을 할 수 없게 된다. 이러한 문제를 극복하게 해주는 것이 조사권이다. "법률상의 규정으로 조사권이 보장되어야 한다. 특히 그 권리는 무조건적으로 소수파의 권리로서 … 이미 이것은 훗날 닥치게 될 의회에서의 '다수의 전횡'과 그 위험을 공개성에 의해 상쇄하기 위해 필요하다."139 소수파도 조사권을 통해 정보에 접근함으로써 다수파가 마음대로 일을 처리하는 것을 막을 수 있게 된다.

행정의 견제와 통제라는 중요한 기능 외에 또 다른 의회 기능으로는 무엇이 있을까? 의회는 단지 "법 제안에 대한 동의를 반대"하기만 하는가? "별 의미 없는 발의를 함으로써 행정에 대한 국민의 불만을 강력하게 피력"하는 것인가?140 아니면 "정부의 제안에 대해 비판, 불평, 협의, 수정, 통과 같은 행동을 취"하는 것인가?141 이러한 질문은 행정에 대한 비판과 견제만을 의미하는 것이고, 의회가 행정에 대해 수세적 위치에 있음을 전제로 하는 것이다. 결국 의회가 적극적인 기능을 하고 있지 못함을 반증하는 것에 지나지 않는다. 비판은 하되 대안을 제시하지 못하며, 견제는 하되 책임을 지지 않는 소극적 정치이다. 의회의 가장 중요한 기능은 행정에 대한 비판과 견제를 넘어, 대안을 제시하고 책임을 지는 정치를 하는 것이다. 베버가 말하는 이른바 적극적인 정치는 바로 이런 것이다.

그는 의회가 적극적인 정치를 하기 위해서는 다음과 같은 네 가지 조건이 요구된다고 주장한다. 첫째, 행정 지도자는 의회 내의 인물로 충원되어야 한다. 둘째, 관직을 유지하기 위해서는 의회 내 다수의 신뢰를 획득하거나 최소한 불신을 피해야 한다. 셋째, 행정 지도자는 의회와 그 위원회에 책임을 져야 한다. 넷째, 행정은 의회가 선택한 노선을 따라야 한다. 이와 같이 의회의 지원과 지지를 받는 행정 지도자는 단순한 행정 지도자가 아니라 국가 행정의 적극적인 공동 참여자가 되는 것이다.[142]

국가 권력은 이론적으로는 몽테스키외에 의해서, 그리고 실제로는 시민 혁명에 의해서 형식과 역할에 따라 입법, 사법, 행정 세 부분으로 나누어졌다. 그중 어느 것이 가장 상위 권력을 차지하고 있을까? 우리는 간혹 행정부가 가장 상위 권력에 속한다고 착각한다. 그러나 가장 상위 권력은 입법부, 즉 의회다. 의회는 국민이 국민의 대표를 국민의 손으로 직접 선출해 구성한 기관이고, 국민의 의사를 대표하는 기관이기 때문이다. 입법부, 사법부, 행정부가 맡은 역할은 각기 다르지만 궁극적으로 행정부도 사법부도 입법부의 통제와 지휘를 받아야 한다. 베버가 독일의 특수한 상황에서 역설한 이 주장은 의회제를 채택하고 있는 국가라면 어디서나 타당하게 적용된다. 의회 권력이 가장 상위 권력이다.

4. 베버의 그림자

역사에서 1920년대는 특이한 시대다. 사회의 모든 영역에서 관료제가 전면적으로 등장한 시기인 것이다. 물론 이전에도 사회의 모든 영역에서 관료제와의 불완전한 동거가 이루어지고 있었다. 하지만 부분적이었다. 1920년에 들어서서 사회의 모든 영역이 관료제에 구애를 했고, 관료제는 그 구애를 받아들였다. 그리하여 사회의 모든 영역에서 관료제가 실시되었다. 앞서 베버가 언급한 것처럼 군사, 시민, 산업, 연구실, 심지어 종교에까지 관료제가 도입되었다. 관료제가 존재하지 않는 조직은 생존조차 할 수 없었다. 이는 사실이다.

1920년대에 이를 방증하는 역사적 사건이 또 있었다. 그 기반을 다진 자는 과학적 관리법을 창시한 테일러Frederick W. Taylor다. 그는 완벽한 형태의 노동 통제 방식을 구상한다. 심지어 삽질 동작까지 분석해 체계화했다. 포드Henry Ford는 이를 기계기술적으로 완벽하게 구현하게 된다. 공장의 이동 주체는 이제 인간이 아니라 기계였다. 컨베이어 벨트가 소리를 내며 이동하고, 인간은 그 속도에 맞춰 작업을 하는, 기계의 톱니바퀴에 지나지 않았다. "톱니바퀴 내부의 성실한 대다수 관리"[143]와 공장 노동자는 다를 바가 없었다.

1920년, 관료화를 방증하는 또 다른 공간인 사무실이 등장한다. 상층 사무 직원이 하층 사무 직원을 감시하기 쉽도록 사무실에는 일망 감시 체제가 갖추어졌다. 심지어 서랍 여닫는 시간까지 조사되고, 회전 의자에서 몸 돌리는 속도까지 조사되었다.[144]

모든 것이 완벽하게 관료제화되었다. 영화 〈모던 타임스〉에서 채플린의 꿈과 희망이 컨베이어 벨트의 흐름 속에 파묻혀버리듯, 모든 사람의 꿈과 희망도 정교한 '머신'처럼 조용하게 작동하는 관료제에 파묻혀버린다.

베버는 관료제란 어디에 적용되든지 간에 궁극적으로 지배로 귀착된다고 보았다.[145] 행정에 작용하는 관료제도 마찬가지로 지배로 작동한다. 베버는 행정에 압도되어 정치가 소멸될 경우에 초래될 위험을 다루고, 이를 극복하기 위해 민주주의가 중요하다고 역설하고 있다.

베버의 시각은 학문적 그림자를 드리우며 상당한 영향을 미쳤다. 베버가 50대 중반 무렵 이 글을 발표했을 때, 당시

30대 중반이던 마르크스주의자 루카치는 베버의 관료제 테제를 받아들였다. 그리고 관료제가 지배로 작동할 것을 전제하고서, 세상을 총체적으로 인식할 수 있는 과학성으로 무장한 프롤레타리아만이 이를 극복할 수 있다고 주장했다. 호르크하이머M. Horkheimer와 아도르노Theodor W. Adorno 역시 이러한 문제의식을 받아들였다. 그들은 관료제의 토대인 합리성이 초래한 비관적 사회를 암울하게 받아들인다. 그리고 그 대안으로서 예술이 인간을 해방시킬 수 있다고 보았다. 마르쿠제Herbert Marcuse는 그 대안을 지식인 계층에서 구한다.

비판 이론가인 하버마스Jürgen Habermas는 현대 사회 철학자 가운데 베버를 가장 진지하게 연구한 사람 중 하나로, 베버의 사상을 받아들이면서도 완전히 궤를 달리하는 주장을 편다. 그는 베버의 관료제의 토대인 합리성이 지배로 귀결될 것이라는 점에 동의하지만, 또 다른 합리성인 의사 소통 합리성이 이러한 지배를 허무는 역할을 할 수 있다고 주장한다. 마치 토론과 논의를 토대로 하는 의회 민주주의가 합리성으로 구성된 행정의 지배 구조를 허물 수 있듯이, 토론을 매개로 구성되는 협의 민주주의가 이러한 역할을 할 수 있다고 하버마스는 보았다.

베버의 말처럼, 사회가 거대해지고 복잡해질수록 관료제는 불가피한 것이 된다. 우리는 그 안에서 채플린처럼 질식당하고 있다. 의회 민주주의, 프롤레타리아, 예술, 지식인, 의사 소통 등이 대안으로 끊임없이 모색되어왔다. 관료제의 불가피성과 그에 대한 대안 사이에서 우리는 항상 '편리함'과 '어쩔 수 없다'는 자괴감에 사로잡혀 있다. 이렇듯 대안 부재의 불가피성이 현실인 지금, 민주주의에 대한 재성찰이 끊임없이 요구된다.

1   (옮긴이주) 스위스의 주를 지칭하며 직접 민주주의를 논의할 때 자
    주 언급된다.

2   (저자주) 1869~1870년 로마에서 열린 바티칸 주교 회의를 말한다.

3   (옮긴이주) 가톨릭 교회의 수장인 교황은 교리와 신앙 측면에서 잘
    못이 있을 수 없다는 것을 뜻한다.

4   (옮긴이 주) 종종 폄하하는 뜻에서 탁상공론만을 일삼는 비창조적
    인 문인 또는 문필가들을 지칭한다.

5   (옮긴이주) 러시아와 독일 간에 벌어진 1917년의 전쟁을 말한다.

6   (저자주) '로마법'이 자본주의를 촉진시켰다는 생각은 아마추어 문
    필가들의 어리석은 지식이다. 로마법은 현대 자본주의의 전형적인
    법 제도, 예컨대 주식, 공채 증서, 현대적인 토지 저당권, 어음 그리
    고 모든 종류의 상거래 증서에서 산업, 광업, 상업의 자본주의적 결
    사에 대해 전혀 알지 못했다. 오히려 이러한 것은 중세나 부분적으
    로는 독일적인 것에 기원을 두고 있다. 학생들은 모두 이런 사실을
    알아야 한다. 로마법은 현대 자본주의의 모국인 영국에 정착하지
    못했다. 우리 독일은 영국과 달리 로마법에 저항하는 전국 단위의
    변호사 길드가 존재하지 않고 법 집행과 행정의 관료제화가 이루어
    진 덕분에 로마법을 순탄하게 받아들일 수 있었다. 근대의 초기 자

본주의는 순수한 국가 합리주의에서 성장한 관료제의 모범 국가에서는 발생할 수 없었다. 또한 그곳에서는 현대 자본주의 역시 정착하지도 둥지를 틀지도 못했다. 다만 재판관들이 변호사들로 충원되었던 곳에서 정착할 수 있었다. 그러나 오늘날 자본주의와 관료제는 서로 의지하고 있으며 긴밀하게 연관되어 있다.

7   (옮긴이주) 베버는 이 글에서 투표Abstimmung와 선거Wahl를 구분해서 사용하고 있다. 투표는 일반적으로 선거의 수단이기는 하지만 법령과 연관된 국민의 참정권 행사를 지칭하는 것이며, 선거는 국민을 대변하는 의원이나 대통령 또는 관리의 선출과 연관된 국민의 참정권 행사를 지칭하는 것이다. 따라서 국민 투표는 법을 제정하는 것과 연관되며, 국민 선거는 국회의원이나 대통령 또는 관리를 선출하는 것과 연관된다. 또한 투표 단체는 법을 제정하는 것과 연관되며, 선거 단체는 인물을 뽑는 것과 연관된다.

8   (옮긴이주) 모든 정당은 정권 장악을 목적으로 한다. 정권을 장악한 정치 수장은 정권을 장악하는 데 노력해준 당직자와 선거 참모에게 노력에 대한 대가로 관직을 배분해준다. 이 제도는 엽관제와 일치한다. 이에 대한 자세한 내용은 해제 3절 가운데 〈엽관제, 왜 필요한가〉를 참조하라.

9   (옮긴이주) 베버가 가장 올바르게 생각한 정치 제도는 기본적으로 의회제 국가였다. 미국은 대통령제의 속성상 대통령이 대부분의 관직 임명권을 갖고 있는 반면, 의회는 관직 임명권을 갖고 있지 않다. 이런 의미에서 베버는 미국에는 어떤 의회 제도도 존재하지 않는다고 했다.

10   (옮긴이주) 정당의 실력자들로 구성된 조직으로, 정당의 대표 선출, 정책 작성, 후보 지명을 선택하고 실질적으로 결정하기도 한다.

11   (옮긴이주) 관료제를 가리키는 표현으로, 관료제가 마치 기계처럼

돌아간다는 데서 유래했다.

12 (저자주) 그래서 우리는 독일에서 자랑할 만하며, 물론 수많은 경우에 '모범적인 것'으로 특징지을 수 있는 수많은 제도를 여기서는 논하지 않을 것이다. 그러나 거대 국가의 정치가 임의의 중규모 도시의 자치 행정과 근본적으로 다르지 않다고 생각하는 것은 문필가들의 커다란 오류이다. 정치는 투쟁이다.

13 (옮긴이주) '강철 우리'는 합리성이 지배로 전환되는 것, 예속의 굴레를 만들어내는 것을 가장 잘 보여주는 베버의 용어다. 강철 우리는 합리화된 질서가 적용되는 곳이다. 우리 중에서도 가장 강한 우리로, 그 안에 있는 모든 생명체는 그곳을 벗어날 수 없다. 베버는 합리화가 적용된 영역이 합리성이라는 미명 아래 인간의 자유를 박탈할 때 나타나는 현상을 이 용어로 표현했다. 이 용어는 그 영역이 기업이든 노동 영역이든 국가의 관료제이든 국가 그 자체이든 어디에든 적용된다. 여기에서 강철 우리가 현대 산업 노동을 비판하는 데 적용되었듯이, 합리성이 적용된 자본주의 국가도 강철우리에 해당하며, 극단적으로는 사회주의 국가도 그에 해당한다.

14 (옮긴이주) 일반적 히에라르키는 성직자 계급 제도를 가리킨다. 이는 가톨릭 조직에서 보듯이 신분이 위계적으로 철저하게 서열화되어 있는 것을 말한다. 모든 조직에서 이런 현상이 나타날 때 일반적으로 사용하는 용어이다.

15 (저자주) 케렌스키Alexander Fyodorovich Kerenski 씨가 '강화'의 증거로서 자신의 공격의 필요성을 설명하기 위해 회의에서 《프랑크푸르터 차이퉁Frankfurter Zeitung》에 실린 이 구절을 인용했다고 러시아 측이 나에게 주장했기 때문에, 새로 등장한 러시아의 이러한 자유의 매장자에 대해 명백하게 언급해야만 한다. 예컨대 참호에 있는 적 보병을 압도할 만큼 포병을 충분히 확보하고 있고, 참호에

있는 자국 병사들로 하여금 식량 문제로 의존하고 있다고 느끼게 할 만큼 충분한 운송 시설과 비축물 같은 물적 전쟁 수단을 마음대로 처분할 수 있는 사람만이 공격을 감행한다. 그러나 케렌스키 씨의 이른바 사회주의 혁명 정부의 '약점'은 바로, 다른 곳에서 설명했던 것처럼 신용 상실에 있으며, 국내에서 지배를 유지하기 위한 신용을 얻기 위해 자신의 이상주의를 부정하고, 부르주아적인 제국주의적 협정을 맺고, 수십만 명의 자국 국민으로 하여금 외국의 이해관계를 위해 투입된 용병이 피를 흘리게 하는 데 있다. 이와 같은 일은 이후에도 발생한다. 나는 러시아의 태도에 관해, 다른 곳에서 예견했던 것과 마찬가지로 유감스럽게도 이 자리에서도 옳다고 믿고 있다. (나는 몇 달 전에 썼던 구절들을 지금 수정하지 않을 것이다.)

16 (옮긴이주) 에드워드 7세(1841~1910)는 영국의 왕이자 인도의 황제로, 상당한 인기를 끌었으며 온화한 성품으로 사교계를 주름잡았다. 1901년에 즉위한 그는 1903년 프랑스를 방문하여 솜씨 있게 프랑스어로 연설함으로써 프랑스 국민의 인기를 얻었으며, 1904년 양국 간 화친 협상의 길을 열었다. 그는 장시간의 정신적 노력을 요하는 일에는 별 재주가 없었던 것으로 알려진다. 하지만 육군 장관 리처드 버든 홀데인의 대대적인 군사 개혁과 해군 장관 존 피셔의 해군 개혁을 지원하여, 1차 세계대전 당시 영국이 효과적으로 대응하는 데 큰 도움을 주었다.

17 (옮긴이주) 레오폴트 2세(1747~1792)는 신성 로마 제국 황제로 18세기 개혁주의 통치자 가운데 가장 유능한 인물이다. 계몽주의 사상의 영향을 받은 그는 봉건적 이해 관계를 희생시키고서라도 효율적인 국가 기구를 설치하기로 결정했다. 그는 25년간 토스카나 공국을 통치하면서, 국세와 관세 제도를 합리적으로 개선했고, 의회 제도를 발전시켰다. 농노들을 해방시키고, 비가톨릭교도에게 더

많은 종교의 자유를 허용한 요제프의 법령들을 지켜나갔다. 그는 1791년 8월 프로이센과 함께 유럽의 군주들에게 프랑스의 왕정을 유지시키기 위해 무력 사용을 호소하는 필니츠 선언을 발표했다.

18　(저자주) 흔히 관직 사냥을 말한다. 이것은 원시 시대의 사냥 관습에서 나온 말이다. 수장은 공동으로 사냥을 마친 후 사냥에서 기여한 공로에 따라 잡은 짐승을 사냥 참가자들에게 분배해주었다. 정당도 선거를 통해 권력을 장악하는 경우 논공행상 차원에서 국가의 관직을 관계자들에게 나누어준다. 이를 엽관제라고 한다.

19　(옮긴이주) 하원을 말한다.

20　(옮긴이주) 뷜로브Alfred von Bülow(1849~1929)는 각국 대사를 역임했고, 1897년 제국 외상에 올랐고, 1900년에 수상이 되었다. 정치력이 부족하여 독일을 고립화시킨 책임을 지고 있다. 1909년 재정개혁에 실패하여 사임했다.

21　(옮긴이주) 1871년 4월 16일 이후부터 발효된 헌법이다.

22　(옮긴이주) 각 주의 주 대표로 구성된 상원 의원을 의미한다.

23　(옮긴이주) 베니히젠Rudorf von Bennigsen(1824~1902)은 독일 국민 동맹을 이끌고, 프로이센을 주체로 하는 독일 통일에 노력했다. 1874년부터 국민자유당 당수로서 비스마르크를 지지했으나, 1879년 비스마르크와 결별했다. 웅변가이자 유능한 당수로서 의회에서는 조정역을 성공적으로 해냈다.

24　(옮긴이주) 민족자유당 의원으로 1917년에 재무부 차관이 되었다.

25　(저자주) 《크로이츠차이퉁Kreuzzeitung》에서 한 익명의 필자가 제국 의회 의원은 자유로운 신념에 따라 투표하고 참의회 의원은 훈령에 따라 투표해야 한다는 법률적 형식주의에서 양자는 통합될 수 없다는 사실을 도출하는데, 이는 재미있는 일이다. 푸트카머 수상 이후 '정부 정책의 대표'를 담당했던 수많은 주 의회 의원이 프로이센 주

의회를 차지하고 있다는 사실을 기반으로 《크로이츠차이퉁》에 반박하지는 못한다. 또한 프로이센 주 의회 의원으로서 자유로운 신념에 따라 훈령을, 즉 이러한 주 의회를 책임지는 정부가 참의회 의원으로서의 그들에게 제공한 훈령을 비판하는 제국의 국가 차관들도 또한 《크로이츠차이퉁》에 반박하지 못한다── 정당의 정상에 있는 정치인이 참의회 의원으로서 자신의 신념과 일치하는 동일한 훈령을 받을 수 없다면 그는 사임해야 한다. 물론 이미 모든 '정치가'가 그렇게 하고 있지 않은가! 더 자세한 것은 아래를 보라!

26 (옮긴이주) 에르츠베르거Matthias Erzberger(1875~1921)는 전쟁 기간 동안 중앙당의 가장 걸출한 정치인이었다. 독일 중앙당의 좌파 지도자이자 휴전 협정의 조인자, 민주 좌파의 지도자로서 의회 건설과 전후 정부에서 핵심적인 역할을 했다. 1921년 민족주의 광신자에게 암살당했다.

27 (저자주) 묄러 장관은 당시 자신이 의원으로서의 초기 연설을 통해 개인적 관점이 이미 노출되어 불편한 상태에 있다고 말했다.

28 (옮긴이주) 크루프는 별칭이 대포왕인 크루프Alfred Krupp의 회사이다. 크루프는 주강 대포를 비롯해 여러 무기류를 개발, 판매한 것으로 유명하다. 크루프는 그가 제련한 철강의 품질을 증명하기 위해 총기류를 제작했다. 그후 크루프 기업은 '독일의 무기고'라고 불렸다. 크루프는 산업화에 따른 근로자의 문제를 인식하여 기업 근로자들을 위한 포괄적인 복지제도를 창안했다. 1861년 근로자들을 위해 주택, 병원, 학교, 교회 등을 건설했다.

29 (옮긴이주) 여기서 베버가 말하는 인물은 후겐베르크Hugenberg이다. 그는 1918년 이후 실제로 신문과 영화 산업의 선전적 효과를 바탕으로 1928년 우파 독일 민족당의 당수가 되었으며, 1933년에는 경제 각료로서 히틀러의 첫 번째 내각에 입각하기도 했다. 그 당시

그는 히틀러를 조정할 수 있을 것이라고 오판했다.

30 (옮긴이주) 쿤만Richard von Kuhnman은 1917년 8월에 독일 직업 외교관으로 임명되었다. 그러나 같은 해 12월 브레스트리트프스크 평화 회담 시 절차 문제에 대해 상대적으로 유화적인 태도를 취하다 군부 루덴도르프Ludendorf의 분노를 초래했다. 결과적으로 신문에 의한 여론 환기 작업이 대대적으로 실시되었으며, 루덴도르프는 1918년 7월 쿤만을 사임시켰다. 그 자리는 해군 사령관 힌체Paul von Hintze가 차지했다.

31 (옮긴이주) 1차 세계대전.

32 (옮긴이주) 1915년 5월 7일, 독일의 유보트가 영국의 여객선 루시타니아 호를 아일랜드 남방에서 아무런 경고 없이 격침했다. 이 사건으로 그 배에 타고 있던 미국인 128명이 사망했다. 당시 중립국이던 미국이 이를 계기로 1917년 전쟁에 참전하게 된다.

33 (옮긴이주) 트로츠키는 1917년 12월에서 1918년 3월까지 브레스트리트프스크에서 독일의 외교관이자 군사 대표자와 협상을 했다. 윌슨의 14개항은 1918년 1월에 나왔다.

34 (옮긴이주) 에르츠베르거는 1917년 7월 6일 수뇌부 위원회에서 다소 선정적으로 무제한 잠수 작전이 실패했다고 말했으며, 또한 신의회연합을 해체하고 제국 의회의 평화적 해산과 신속한 의회 개혁을 주장했다. 그 결과는 며칠 뒤 수상 베트만 홀베크Bethmann-Hollweg의 사임으로 나타났다. 그러나 의회는 당시 프로이센 식량 담당 장관이었던 게오르크 미카엘리스Georg Michaelis가 새로운 수상이 될 때 아무런 영향력도 행사하지 못했다. 결과적으로 제국 의회는 새로운 수상을 신뢰하지 않았고, 그해 8월 교황의 평화 문서가 전달되었을 때 2차 위기가 발생했다. 교황의 평화 문서는 독일에서는 자국의 초안을 감시하기 위한 7인 위원회 건설로 귀결되었다.

10월에 정부는 수병 폭동을 선동했다는 이유로 독립 사회당을 탄압할 것을 선언했다. 그러자 다수당이 연합해 만든 위원회는 수상 미카엘리스의 사임을 요구하고 이를 관철시켰다. 계속되는 협상에서 제국 의회는 바이에른의 수상이자 중앙당의 보수파 의원이자 전직 제국 의회 의원인 헤르틀링Georg Graf von Hertling을 수상으로 내세울 수 있었다.

35 (옮긴이주) 당시 루덴도르프 장군을 지칭한다.

36 (옮긴이주) 미카엘리스 수상을 말한다.

37 (옮긴이주) 1917년 8월 교황의 평화 문서에 대한 독일의 답변을 말한다.

38 (옮긴이주) 1917년 8월 중요한 국회의원 두 명이 미카엘리스 정부에 입각했다. 프로이센 의회의 민족 자유당 대표였던 클라우스Paul von Klaus는 제국 의회의 법무부 장관이 되었고, 제국 의회의 중앙당 지도자였던 슈판Peter Sphan은 프로이센의 법무부 장관이 되었다. 10월에는 민족 자유당 대표 시퍼Eugen Schiffer가 제국 재무성 주차관이 되었다.

39 (옮긴이주) 이 책의 주 34를 참고하라.

40 (옮긴이주) 헤르틀링 정부에서 국회의원들은 최초로 정책 결정권을 갖게 되었다. 제국 의회의 진보당 지도자 마이어Friedrich von Meyer는 제국의 부수상으로 임명되었고, 좌파 민족자유당의 프리트베르크Robert Friedberg는 프로이센 부주지사로 임명되었다.

41 (옮긴이주) 1918년 1월의 위기는 러시아와의 브레스트리토프스크 평화 협상안 처리를 둘러싼 정치 지도자와 군사 지도자 간의 논쟁에서 야기되었다.

42 (옮긴이주) 궁정에서 의전 행사가 벌어질 때 사회민주당은 혁명적 전통 고수라는 측면에서 의원들을 이 행사에 파견하지 않았다.

43 (옮긴이주) 역사 발전의 법칙은 생물학에서 말하는 진화론과 유사하다. 진화론에 의해 모든 생물이 발전하듯이 자본주의 사회 이후에는 사회주의 사회가 오도록 예정되어 있다. 당시 사회민주당은 이와 같은 진화론적인 사회관에 입각하여 자본주의 사회 내에서는 정부에 참여하지 않는 것을 당연하다고 보았다.

44 (옮긴이주) 직접 행동으로 생산, 분배를 수중에 넣으려는 투쟁적인 노동조합 운동을 가리킨다. 생디칼리슴은 일상적으로 노동 시간 단축, 임금 인상 등과 같은 당면 성과물을 쟁취함으로써 노동자 상호 간의 협력과 노동자 복지를 증대시키고자 한다. 또한 생디칼리슴은 근본적으로 완전한 해방을 준비하며, 오직 자본가 계급의 소유를 몰수함으로써만 완전한 해방을 실현할 수 있다고 본다. 생디칼리슴은 행동 수단으로 총파업을 인정하며, 오늘날 저항 조직인 노동조합이 미래에는 생산과 분배의 조직이자 사회 재조직화의 기초가 될 것이라고 주장한다.

45 (옮긴이주) 중앙당은 비스마르크에 의한 독일 통일 이후 독일 내 소수파인 가톨릭 신자를 보호하기 위해 창당되었다. 따라서 중앙당은 초기에는 가톨릭 신자의 보호를 주목적으로 했다. 자세한 내용은 이 책의 해제 가운데 〈무기력한 정당〉을 참조하라.

46 (옮긴이주) 1832년, 1867년, 1884년 영국 의회를 통과한 개정 법안이다. 특히 1832년의 개정 법안을 가리킨다.

47 (옮긴이주) 벨프 왕조에 의해 만들어진 기금을 말한다. 벨프 왕조는 게르만족 출신의 통치자와 귀족으로 형성된 왕조이다. 벨프 왕가의 통치는 신성로마 황제 오토 4세와 함께 무너졌다. 이탈리아인들은 벨프를 황제에 반대하고 교황을 지지하는 사람들을 가리키는 명칭으로 사용한다.

48 (저자주) 1917년 말, 거대 산업이 사들인 신문은 《프랑크푸르터 차

이퉁》과 한 제국 의회 의원이 영국에게서 뇌물을 받았다고 비난했다. 다 알고 있다시피, 내 이름과 (민족자유당의) 동료 한 명의 이름이 로이드 조지Lloyd George의 뇌물과 연관되어 있었다. 그리고 이러한 종류의 주장을 문필가 집단은 믿고 있지 않은가! 이것은 이러한 집단의 정치적 성숙성을 판단하기에 충분한 부분이다. 그러나 독일 내에서 이러한 아첨꾼들의 행위는 의회주의 없는 그리고 민주주의 없는 '선동'이 완전히 프랑스의 수준과 같다는 것을 입증할 뿐이다.

49 (옮긴이주) 파울 징거Paul Singer(1844~1911)는 베를린의 공장 소유주로 사회민주당의 핵심 인물 가운데 한 사람이다.

50 (옮긴이주) 이러한 현상은 바이마르 공화국 시대에 발생했다. 바이마르 공화국은 비례대표제를 도입한 결과, 여러 정당이 우후죽순처럼 생겨났으며, 이 정당들은 특수한 집단의 이익을 대변하는 데 급급했다.

51 (옮긴이주) 1967년 말까지 독일 연방 공화국에서는 참의회 의원 두 명이 작은 사무실 하나를 나누어 사용했다. 조사 참모의 수도 너무 적어서 초과 업무에 시달려야 했다. 의회나 개별 정당이 학문적인 참모나 또 다른 내외 참모를 충원하고자 해도 이들이 미국식 의회 위원회의 참모에 익숙한 경우에는 응하지 않았다.

52 (옮긴이주) 헬무트 폰 몰트케Helmuth von Moltke를 가리킨다.

53 (옮긴이주) 아우구스트 베벨August Bebel(1840~1913)은 사회민주당이 창당된 1869년부터 사회민주당의 지도자였다. 그는 독일 사회민주당의 전통을 구현한 사람으로, 노동자 계급의 정치, 사회적 이익을 가능한 한 효과적으로 증진시키고자 노력했다. 그는 당의 공식적 급진 원칙에서 벗어난 모든 이론을 비난함과 동시에 의회 밖의 활동을 요구하는 좌익 세력의 압력에 굴하지 않았다.

54 (옮긴이주) 에른스트 리에버Ernst Lieber(1838~1902)는 자유주의
   적 중앙당 의원으로, 1891년 빈토어스트Windthorst의 사후에 중앙
   당 의원 대표직을 맡았다.

55 (옮긴이주) 베트만 홀베크Bethmann-Hollweg를 가리킨다.

56 (옮긴이주) 무제한 잠수 작전 같은 경우이다.

57 (옮긴이주) 로이드 조지를 가리킨다.

58 (옮긴이주) 이 책의 주 7을 참고하라.

59 (옮긴이주) 이 책의 주 7을 참고하라.

60 전쟁에서 이익을 본 부호 계급만이 전쟁이라는 특수한 조건에서 정
   당을 설립할 수 있었다.

61 (옮긴이주) 1차 세계대전 이후.

62 (옮긴이주) 프로이센.

63 한스 N. 퓨겐,《막스 베버: 사회학적 사유의 길》, 박미애 옮김(서광
   사, 1994), 169쪽; 마리안네 베버,《막스 베버의 생애》(삼성문화재
   단, 1975), 302쪽.

64 한스 N. 퓨겐,《막스 베버: 사회학적 사유의 길》, 71쪽.

65 한스 N. 퓨겐,《막스 베버: 사회학적 사유의 길》, 69쪽.

66 한스 N. 퓨겐,《막스 베버: 사회학적 사유의 길》, 56쪽.

67 프랭크 파아킨,《막스 베버》, 양승태 옮김(학문과사상사, 1992),
   13쪽.

68 한스 N. 퓨겐,《막스 베버: 사회학적 사유의 길》, 29쪽.

69 한스 N. 퓨겐,《막스 베버: 사회학적 사유의 길》, 45쪽.

70 한스 N. 퓨겐,《막스 베버: 사회학적 사유의 길》, 92~94쪽.

71 프리드리히 나우만Friedrich Naumann(1860~1919)은 독일의 프
   로테스탄트 신학자이자 정치가로, 1896년 국민사회협회를 결성하
   여 당수가 되었다. 1907년 국회의원에 당선되어 자유주의 진영 내

의 민주주의 선봉으로 활약했다. 1차 세계대전 후 독일민주당을 결
성하여 1819년 당수가 되었으며, 바이마르 헌법을 기초하는 데도
전력했다. 베버와 평생 친구로서, 정치 문제에 대해 깊이 있는 토론
을 했다.

72 프랑크 파아킨, 《막스 베버》, 16~17쪽.

73 Max Weber, *The Protestant Ethic and the Spirit of Capitalism*, (trans.) Talcott
    Parsons(New York: Charles Scribner's Sons, 1976), 36쪽.

74 Max Weber, *The Protestant Ethic and the Spirit of Capitalism*, 35쪽.

75 Max Weber, *The Protestant Ethic and the Spirit of Capitalism*, 36쪽.

76 Hans Gerth·C. W. Mills, "Introduction" in *From Max Weber: Essays in
    Sociology*, 이종수 편저, 《막스 베버의 학문과 사상》(한길사, 1992),
    13~15쪽.

77 Hans Gerth·C. W. Mills, "Introduction", 15~18쪽.

78 Hans Gerth·C. W. Mills, "Introduction", 19~24쪽.

79 프랑크 파아킨, 《막스 베버》 14쪽.

80 Hans Gerth·C. W. Mills, "Introduction", 27~31쪽.

81 프랑크 파아킨, 《막스 베버》, 15쪽.

82 Hans Gerth·C. W. Mills, "Introduction", 43~45쪽.

83 마틴 키친, 《사진과 그림으로 보는 케임브리지 독일사》(시공사,
    2001), 234쪽.

84 메리 풀브룩, 《분열과 통일의 독일사》, 김학이 옮김(개마고원,
    2000), 194쪽.

85 메리 풀브룩, 《분열과 통일의 독일사》, 189쪽.

86 이 책 51쪽을 참조하라.

87 이 책 40쪽을 참조하라.

88 이 책 56~57쪽을 참조하라.

89 이 책 56~57쪽을 참조하라.

90 이 책 71쪽을 참조하라.

91 비스마르크가 1878년 6월 2일에 있었던 노빌링Nobiling 박사의 황제 저격 시도를 계기로 1878년에 새로운 선거를 통해 선출된 제국의회에서 통과시킨 법이다. 비스마르크의 이 법은 사회주의자들의 집회, 조직, 산하 협회, 신문과 정기 간행물의 발행을 금지하고, 사회민주당을 불법 정당으로 간주하고, 정당 집회를 금지하며, 사회주의자들이 세무 공무원이 될 수 없도록 규정했다. 그러나 사회민주당원의 의원 입후보와 의회 활동은 허락했다. 그로 인해 사회민주당이 의석을 유지하게 되었고, 독일 사회주의는 득표와 의회 연설에 주력하는 의회주의적 운동으로 전환되었다.

92 마틴 기친, 《사진과 그림으로 보는 케임브리지 독일사》, 249쪽.

93 융커가 자신의 영지에 사는 농민들을 돌봐주듯 한 회사의 주인인 기업주가 노동자들의 물질적, 정신적 필요를 배려해주는 것을 말한다.

94 마틴 키친, 《사진과 그림으로 보는 케임브리지 독일사》, 251쪽.

95 마틴 키친, 《사진과 그림으로 보는 케임브리지 독일사》, 255쪽.

96 힌덴부르크Paul von Hindenburg(1847~1934)는 보불전쟁에 종군한 후 퇴역했으나, 1차 세계대전 당시 다시 복무하여, 제8군을 거느리고 연전연승을 거둔 인물로 국민적 영웅으로 떠받들어졌다. 서부전선에서 패전한 후, 정부에 휴전을 요구했다. 그는 1925년 트리피츠 등의 추천을 받아 바이마르 2대 대통령에 선출되었으며, 1932년 히틀러와의 대결에서 재선되었다. 공업과 농업 이익 집단의 압력을 받아 히틀러를 독일 총리에 임명했다.

97 마틴 키친, 《사진과 그림으로 보는 케임브리지 독일사》, 265쪽.

98 이 책 43~44쪽을 참조하라.

99 이 책 42~43쪽을 참조하라.

100 이 책 44~45쪽을 참조하라.

101 한스 N. 퓨겐, 《막스 베버: 사회학적 사유의 길》, 150~151쪽.

102 이 책 91~92쪽을 참조하라.

103 메리 풀브룩, 《분열과 통일의 독일사》, 184쪽.

104 이 책 88쪽을 참조하라.

105 이 책 88~89쪽을 참조하라.

106 이 책 46쪽을 참조하라.

107 이 책 46쪽을 참조하라.

108 이 책 34쪽을 참조하라.

109 이 책 35~36쪽을 참조하라.

110 이 책 31쪽을 참조하라.

111 이 책 33쪽을 참조하라.

112 이 책 40~41쪽을 참조하라.

113 이 책 62쪽을 참조하라.

114 Max Weber, *Economy and Society, 3*, (ed.), Guenther Roth·Claus Wittich(New York: Bedminster, 1968), 973쪽.

115 Max Weber, *Economy and Society 3*, 988쪽.

116 Max Weber, *Economy and Society 3*, 988쪽.

117 Max Weber, *Economy and Society 3*, 992쪽.

118 이 책 68쪽을 참조하라.

119 Max Weber, *Economy and Society 3*, 991쪽.

120 관료제가 초래할 위험에 대해서는 다각적인 접근이 가능하다. 특히 인간 소외의 측면, 관료 권력의 무소불위화 측면에서 접근하는 것은 매우 중요한 의미를 지닌다. 그러나 여기서는 이러한 측면보다는 대당 권력으로서 의회의 통제를 받지 않는 측면만을 다룰 것이다. 이 책에 실린 글이 이러한 측면에 집중하고 있기 때문이다.

121 이 책 66쪽을 참조하라.

122 이 책 39쪽을 참조하라.

123 이 책 40쪽을 참조하라.

124 이 책 26쪽을 참조하라.

125 이 책 49쪽을 참조하라.

126 이 책 26쪽을 참조하라.

127 이 책 38쪽을 참조하라.

128 이 책 60쪽을 참조하라.

129 이 책 118쪽을 참조하라.

130 이 책 160쪽을 참조하라.

131 〈법률가 정치인의 시대〉는 옮긴이가 《디지털 사상계》에 실었던 글을 일부 수정 보완한 것이다.

132 〈동아일보〉, 2002년 2월 21일자. 베버는 당시 돈이 얼마나 많이 들었는지에 대해, 당시 돈으로 "2만 마르크 이하의 돈을 사용하면, 격렬하게 접전하는 대선거구에서 당선되기는 거의 불가능하다"고 기술하고 있다(이 책 90쪽을 참조하라). 2만 마르크가 얼마나 큰 액수인가는 1913년 당시 노동자 평균 연봉이 1,083마르크(마틴 키친, 《사진과 그림으로 보는 케임브리지 독일사》, 246쪽)였다는 것과 비교해보면 알 수 있다.

133 이 책 85쪽을 참조하라.

134 이 책 85~86쪽을 참조하라.

135 베버는 이외에도 법률가 가운데 변호사가 정치를 하기 좋은 이유로 사무실 소유를 든다. 이에 대해서는 이 책 105~106쪽과 주 51을 참고하라.

136 이 책 32쪽을 참조하라.

137 베버가 말한 조사권은 현재의 각종 위원회 활동을 의미한다. 따라

서 베버는 의원은 각 소속 위원회에서 전문적인 활동을 함으로써 특정 행정에 대한 지식을 습득할 뿐만 아니라 행정을 견제할 수도 있다고 보았다. 현재는 청문회와 같은 더 포괄적인 의미에서의 조사권도 발달해 있다.

138 이 책 69쪽을 참조하라.

139 이 책 78쪽을 참조하라.

140 이 책 46쪽을 참조하라.

141 이 책 65쪽을 참조하라.

142 이 책 47쪽을 참조하라.

143 이 책 107~108쪽을 참조하라.

144 이남석, 〈기술, 지배, 이데올로기의 상관성에 관한 연구〉(동국대학교 박사학위 논문, 1999), 121~133쪽.

145 이에 대한 자세한 내용은 이남석, 〈기술, 지배, 이데올로기의 상관성에 관한 연구〉, 109~115쪽을 참조하라.

거드 슈리터 외, 《칼 마르크스와 막스 베버》, 이상률 편역(문예출판사, 1991)
두 사람의 이름만으로도 읽어볼 만한 가치가 충분한 책이다. 다양한 논
자들의 글을 모아 편역한 것으로, 마르크스와 베버의 관점을 비교하고
있다. 화해하려야 화해할 수 없는 두 사람의 방법론, 계급론, 이데올로기
론에 대한 여러 논문을 정리해놓았다. 집필자들이 해당 분야의 대가들
이서 마르크스와 베버를 비교해서 이해하고자 할 때 큰 도움이 된다.

게오르그 루카치, 《역사와 계급의식》, 박정호·조만영 옮김(거름, 1986)
리얼리즘 문학의 대가이기도 한 루카치의 저작으로, 마르크스주의의 관
점에서 관료제에 관한 문제의식을 보여준다. 그는 마르크스의 《자본론》
의 〈상품〉에 나타난 사물화와 베버의 관료제의 문제 의식인 합리성을 효
과적으로 결합시켰다. 그리고 1920년 이후 자본주의 사회의 모든 영역
이 합리성에 따라 진행될 수밖에 없다는 것을 잘 논증했다.

마리안네 베버, 《막스 베버의 생애》, 조기준 옮김(삼성문화재단, 1975)
막스 베버의 인생의 동반자로서 그가 죽기 직전까지 병간호를 했던 아

내 마리안네 베버가 옆에서 보고 느낀 대로 남편에 대해 쓴 전기이다. 베버의 인간적인 면모를 전달해준다는 장점이 있다. 잘 알려지지 않은 뒷이야기가 풍성하며, 당시 베버의 개인적 상황과 그의 사상과의 관련을 이해하게 해준다.

마틴 키친, 《사진과 그림으로 보는 케임브리지 독일사》, 유정희 옮김(시공사, 2001)
독일사에 대한 책이 그다지 없는 상황에서 귀중한 책이다. 제목에서 알 수 있듯이 그림과 사진이 많이 실려 있어 더욱 유용하다. 베버의 글과 관련해 시대 상황에 대한 이해가 필요할 때 참고하면 좋다.

막스 베버, 《직업으로서의 학문, 직업으로서의 정치》, 이상률 옮김(문예출판사, 1996)
막스 베버의 정치관을 살펴볼 수 있는 고전적인 저작으로, 그의 강연 내용을 담아 출판한 것이다. 다소 어렵게 느껴지기는 하지만 꼼꼼히 읽으면 현실 정치의 많은 부분을 이해할 수 있다.

막스 베버, 《프로테스탄티즘의 윤리와 자본주의 정신》, 박성수 옮김(문예출판사, 1994)
막스 베버의 가장 고전적인 글 가운데 하나다. 마르크스의 사상과 전혀 다른 관점에서 자본주의를 이해할 수 있는 지평을 열어놓았다. 매우 흥미진진한 책으로, 읽다 보면 경제적 관점이 아닌 정신적 관점에서 자본주의를 이해할 수 있게 된다. 베버를 이해하고 싶다면 꼭 읽어볼 만한 책이다.

아서 A. 스미스, 《베버와 하버마스》, 김득룡 옮김(서광사, 1991)
현 사회 철학자 가운데 베버를 가장 잘 받아들인 사람이 하버마스이다. 그의 《의사소통행위이론》 1권은 베버의 합리성을 분석한 글이라 해도 과언이 아니다. 이 책은 하버마스와 베버를 비교 분석하는 동시에, 하버마스의 사상이 베버의 사상 가운데 어떤 부분을 수용하고 있는지, 나아가 베버를 극복한 그의 장점은 무엇인지를 밝히고 있다.

프랭크 파아킨, 《막스 베버》, 양승태 옮김(학문과사상사, 1992)
막스 베버의 사상을 이해하기 쉽게 서술한 책이다. 연구 방법과 연구 과정, 신념과 사회적 행동, 지배와 정당성, 계급 신분 정당 등 주제 중심으로 묶여 있어 특정 부분만 찾아 읽어도 좋다. '앞으로의 독서를 위한 제언'이 담겨 있어 매우 유익하며, 베버를 연구하고자 하는 사람에게 큰 도움이 된다.

한스 N. 퓨겐, 《막스 베버: 사회학적 사유의 길》, 박미애 옮김(서광사, 1994)
베버의 일생과 사상을 비교적 쉽게 서술한 책이다. 그의 일생을 담백하게 그렸으며, 편지, 논문, 책 등의 풍부한 자료를 엮어서 베버의 사상을 이해하기 쉽게 설명했다. 어린 시절부터 죽기 직전까지의 그의 모습을 담은 사진이 풍성하게 실려 있으며, 가족 사진도 실려 있다.

Jürgen Habermas, *The Theory of Communicative Action 1—Reason and The Rationalization of Society*, (trans.) Thomas McCarthy(Boston: Beacon Press, 1984)
부제가 알려주듯이 합리화를 다룬 책이다. 베버의 복잡한 내용을 합리화라는 주제로 일관되게 정리한 것이 돋보인다. 더구나 마르크스주의의 관점인 물상화와 베버의 관점인 합리화를 정교하게 결합시켰으며, 서구 마르크스주의 전통에서 그를 수용한 내용까지 다루고 있다. 베버를 체계적으로 정리할 때 꼭 읽어야 할 책이다.

Max Weber, *Economy and Society* (ed.), Guenther Roth·Claus Wittich(New York: Bedminister Press, 1968)

베버를 이해하는 데 이보다 더 좋은 책은 없다. 조금 과장되게 말한다면 이 책은 베버 사상의 응결체라고 할 수 있다. 독일어로 씌어진 한 권짜리 책이 영어로 옮겨지면서 세 권으로 늘어났다. 총 1,500여 쪽에 걸쳐 경제, 종교, 법, 관료제, 정치가 체계적으로 다루어져 있다. 베버를 이해하기 위해서는 반드시 읽어야 할 책이다.

Wolfgang Schluter, Rationalism, Religion and Domination—A Weberian Perspective, (trans.) Neil Solomon(Berkeley: Univ. of California Press, 1989)

제목 그대로 합리화, 종교, 지배와 관련된 베버의 시각을 다루고 있다. 그중 지배 부분이 이 책에 실린 베버의 글의 주제에 부합된다. 헤겔, 엥겔스, 마르크스의 관료제에 대한 인식을 축으로 마르크스주의의 보나파르티즘, 파리 코뮌과 관련해 소개하고 있다. 반면 베버의 관료제를 마르크스주의의 관료제와 대비시켜 설명하며, 사례 연구로 중국을 연구한 뒤 일반적 결론을 도출해 현대 관료제의 특성을 고찰한다. 또한 이 책의 주제와 잘 부합하는 전개를 보이고 있어서 베버의 글을 이해하는 데 큰 도움이 된다.

이남석ins9957@hanmail.net

그는 1966년 전남 곡성에서 태어나 세 살 때 서울로 이주하여 평범한 소년기를 보냈다. 하지만 부침의 시간은 그를 순진한 소년으로 머물러 있게 하지 않았다. 그는 '두발 자유화'와 '학원 자율화'의 함성, '87 민주 대항쟁'을 경험하면서 점점 성숙한 청년이 되어갔다. 동국대학교에 입학해 80년대 대학 문화의 대표 주자인 민속극연구회 활동을 하면서 문화 일반과 전통 문화를 이해했고, 사회와 정치의 부조리에 대해 눈을 뜨게 되었다. 1986년 아시안 게임이 시작되던 무렵, 학교 가는 길에 학생들은 온데간데없고 전경들만이 학교를 '굳건히' 지키고 있는 모습을 보고 커다란 충격을 받았다. 이 때문일까. 이 땅에서 어떻게 살아야 사회에 기여할 수 있는지에 대해 생각한 끝에 대학원에 진학해 정치사상을 공부하기로 결심했다.

대학원에서는 학생회 활동도 하고 여러 선후배와 인문사회과학연구회를 결성해 학문 간의 벽을 헐고자 노력했다. 한국정치연구회에도 가입하여 현재까지 활동하고 있다. 예나 지금이나 인간과 해방에 대해서 관심을 갖고 있는 그는, 석사학위 논문에서 마르크스의 초기 사상을 중심으로 인간 소외와 해방을 연구했다. 박사학위 논문 〈기술, 지배, 이데올로기의 상관성에 관한 연구〉를 통해서는 유연생산 시대에 기술이 왜 지배 역할을 하며 실업을 불러오는가, 그리고 기술의 지배적 성격이 인간에게 어떻게 이데올로기로 작동하는가 등에 대해 논했다.

하버마스의 합리성에 관한 문제 의식의 원류를 찾아가다 베버를 연구하게 되었다. 2년 넘게 '합리성이 왜 지배로 작동하는가'라는 문제 의식으로, 베버, 루카치, 비판 이론, 하버마스 등을 공동 연구하기도 했다. 이를 바탕으로 〈베버의 프로테스탄티즘에 관한 일고찰〉이라는 글을 통해, 하버마스와 베버의 연관성을 밝히려고 노력했다. 현재 성공회대학교에서 정치사상을 강의하고 있다.

행정의 공개성과 정치 지도자 선출 외

초판 1쇄 발행 2002년 5월 5일
개정 1판 1쇄 발행 2020년 9월 15일
개정 1판 2쇄 발행 2020년 10월 27일

지은이 막스 베버
옮긴이 이남석

펴낸이 김현태
펴낸곳 책세상
등록 1975. 5. 21. 제1-517호
주소 서울시 마포구 잔다리로 62-1, 3층(04031)
전화 02-704-1250(영업) 02-3273-1334(편집)
팩스 02-719-1258
이메일 editor@chaeksesang.com
광고·제휴 문의 creator@chaeksesang.com
홈페이지 chaeksesang.com
페이스북 /chaeksesang   **트위터** @chaeksesang
인스타그램 @chaeksesang   **네이버포스트** bkworldpub

ISBN 979-11-5931-538-1 04080
       979-11-5931-221-2 (세트)

이 도서의 국립중앙도서관 출판예정도서목록(CIP)은 서지정보유통지원시스템 홈페이지
(http://seoji.nl.go.kr)와 국가자료종합목록 구축시스템(http://kolis-net.nl.go.kr)에서
이용하실 수 있습니다.(CIP제어번호: CIP2020036677)

책세상문고 · 고전의 세계

책세상문고·고전의 세계